浙江省普通高校"十三五"新形态教材

企业人力资源管理实验实践系列新形态教材

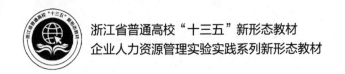

企业人力资源管理实务操作教程

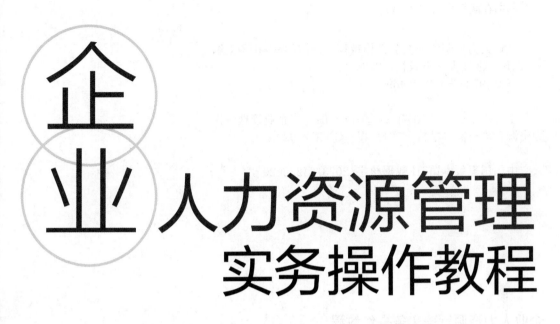

主编 叶晟婷 孔 冬

ZHEJIANG UNIVERSITY PRESS
浙江大学出版社
·杭州·

图书在版编目（CIP）数据

企业人力资源管理实务操作教程 / 叶晟婷，孔冬主编.
-- 杭州：浙江大学出版社，2024.3
ISBN 978-7-308-24469-5

Ⅰ．①企… Ⅱ．①叶… ②孔… Ⅲ．①企业管理－人
力资源管理－高等学校－教材 Ⅳ．①F272.92

中国国家版本馆CIP数据核字(2023)第238620号

企业人力资源管理实务操作教程

QIYE RENLI ZIYUAN GUANLI SHIWU CAOZUO JIAOCHENG

叶晟婷　孔　冬　主　编

责任编辑	汪荣丽
责任校对	沈巧华
封面设计	林智广告
出版发行	浙江大学出版社
	（杭州市天目山路148号　邮政编码　310007）
	（网址：http://www.zjupress.com）
排　　版	杭州林智广告有限公司
印　　刷	杭州捷派印务有限公司
开　　本	787mm×1092mm　1/16
印　　张	11.25
字　　数	253千
版 印 次	2024年3月第1版　2024年3月第1次印刷
书　　号	ISBN 978-7-308-24469-5
定　　价	45.00元

人力资源管理专业是一门综合性和实践性较强的学科，立足应用型人才培养模式，对标"金课"建设要求，积极探索以培养综合管理能力为导向的实验（实训）课程教学，是专业实践教学育人面临的新挑战和新改革指向。《企业人力资源管理实务操作教程》获浙江省普通高校"十三五"新形态教材建设项目立项，反映了本专业立德树人、以学生发展为中心的育人理念，融入了现代人力资源管理的新发展、新应用及编者多年的教学经验。

本书共 8 章，侧重于人力资源管理职能分析、实务操作流程和实务操作训练，具体包括人力资源管理体系、人力资源规划、招聘与录用、培训与开发、绩效管理、薪酬管理、劳动关系管理、e-HR 电子化人力资源管理。本书具有以下特点：

第一，编写模式凸显产教融合，对接企业新要求。本书由嘉兴大学教师叶晟婷、嘉兴南湖学院教授孔冬及企业人力资源专家共同编写。企业人力资源专家录制了"走近 HR"微课，强化新知识、新管理的实务应用，提出综合素质培养和职业能力的要求；高校教师根据人才培养要求，确立教材体系、编写实训任务，突出了教材的实用性、针对性和实践性。

第二，内容结构注重实务应用，对接岗位新需求。本书对接职业标准和岗位需求，集系统性、操作性、应用性和数字化于一体，以"方法、工具、实务、实训、新形态"五位一体的结构体系，构建人力资源管理工作的执行体系，并融入了党的二十大精神。

第三，教学模式强调多元立体，瞄准教改新标准。本书重构学习目标和内容，策划学习资源和过程。在实训中设置学习任务和技能掌握策略，采用建构主义教学模式，设置"课前、课中、课后"教学环节；采用混合式学习、合作学习、案例分析、角色扮演、无领导小组讨论、方案设计、虚拟仿真等方法，实现了"课程、教材、教法""教材、课堂、数字资源"的融合式教学革新，做到"做中学、学中做"。

本书在编写过程中，得到了嘉兴大学经济管理国家级实验教学中心、浙江精创教育科技有限公司及浙江大学出版社的大力支持，获得了学校合作企业余松鹤、陈明、陈清宇、石波、李斌、吕宝贵、贾方全等人力资源实务专家的无私帮助，参阅和借鉴了国内外专家、学者的著作以及相关网站资料，在此一并表示诚挚的谢意！由于时间仓促，加之编者水平有限，书中难免有不足之处，敬请各位专家、同行、读者批评指正。

编　者

2023 年 12 月

目　录

CONTENTS

CHAPTER 1
第一章　人力资源管理体系

所谓企业管理，最终就是人力资源管理。对人的管理，就是企业管理的代名词。

——美国管理学家彼得·德鲁克

◎ 学习目标

- 掌握人力资源管理的主要内容
- 掌握人力资源管理系统的内容
- 了解人力资源部门和非人力资源部门的职责分工
- 能够根据企业实际建立人力资源管理体系

👤 引导案例

阿里巴巴集团的人力资源管理体系

阿里巴巴集团控股有限公司（以下简称阿里巴巴集团）的企业愿景是，追求成为一家活102年的好公司。自1999年创立至今，阿里巴巴集团已发展成为一个涵盖中国商业、国际商业、本地生活服务、菜鸟、云、数字媒体、娱乐、创新业务及其他的生态体系。而阿里巴巴集团的成功与其独具一格的人力资源管理体系密不可分。

1. "政委体系"

（1）"政委体系"结构。"政委体系"分为区域层面和事业部层面。区域层面的"政委体系"分为三层：最基层的是城市区域的"小政委"，与区域经理组成搭档；往上一层是"大政委"，与高级区域经理搭档；再往上直接是HR总监。事业部层面的"政委体系"分两层："小政委"设在部门级，部门之间共享一个"政委"，总监以上配一个"大政委"，覆盖总监的管辖范围。

（2）"政委体系"的特色职能。"政委"一般由具有一线丰富实战经验、懂得业务运作的人员担任，通常要具备战略衔接能力、HR专业能力、业务洞察能力和个人领导力等四种关键能力。"政委"的特色职能主要包括"闻味道、摸温度、照镜子、揪头发、搭场子"等有特色的招聘职能。

2. 吸纳人才

在阿里巴巴集团，人才价值观和企业价值观是否匹配是影响招聘的首要因素，招人的首要标准是诚信，选人以诚信为先，看中员工的职业操守和职业经历的连贯性。公司在面试环节特意设置了"闻味官"（面试官），以评估应聘者的价值观是否与公司相符。阿里巴巴集团还倡导"平凡的人做平凡的事"，不刻意追求精英文化，"降级招聘"的理念和方式体现了企业对人才未来价值创造方面的重视程度。

3. 发展人才

（1）鼓励员工自主学习。阿里巴巴集团有一个口号：知识点亮人生，学习成就未来。公司鼓励内部相长的文化，不断营造学后有行动、行动后要有结果的良好学习氛围。培训不只是简单的知识获得，还要求建立内部员工学习和分享的文化氛围，让员工能够快乐工作，并能提升员工的个人能力和公司的组织能力。阿里巴巴集团会根据员工不同的职业发展偏好，分设专家路线和管理者路线职业阶梯，使性格不同、对自己未来规划不同的员工都能得到良好的发展。

（2）注重员工价值观考核。阿里巴巴集团将其价值观归纳为"新六脉神剑"，并且认为，"要让文化这个根能够扎得更深，让业务这个苗长得更好，能够让员工这个本得到发展，最终通过业务、文化、员工去实现我们的使命愿景价值观"。阿里巴巴集团的价值观落实到考核体系，个人业绩打分与价值观打分各占50%，且每条核心价值观都有详细且清晰的"行为描述"供自评和他评时对照打分。

4. 激励人才

（1）软激励营造开放的文化氛围。阿里巴巴集团重视企业文化的建设，并视其为公司发展的核心动力。公司激励员工的主要方式是认可其工作，将员工的工作成绩和企业发展紧密结合，公司希望员工每天进步的同时能够推动公司的成长。开放、包容、共创的企业文化有效地调动了员工的能动性和创造性。

（2）赛马机制激发人才创新。阿里巴巴集团充分满足员工的施展空间，让员工保持创新活力。员工只要有好的想法和创意就可以提交到项目委员会，经审批就可以放手去做，公司会为员工配备人手、资金，甚至还有期权，公司很多好的项目都是通过"赛马"成立的。

（资料来源：董克用，李超平. 人力资源管理概论 [M].5版. 北京：中国人民大学出版社，2019：38-41；胡劲松. 名企人力资源最佳管理案例：老胡说标杆 [M]. 北京：中国法制出版社，2017：41-50.）

1.1　人力资源管理概述

1.1.1　人力资源管理的内容

人力资源管理是指企业为了实现战略发展目标，对人力资源所进行的吸引、获取、保留、开发、维持、激励等一系列管理活动的总和。概括而言，是企业对其人力资源进行"选、育、用、留"等四方面的开发和管理活动。人力资源管理的内容按照工作职能可以分为以下六大方面。

微课：战略性
人力资源管理

1. 人力资源规划

人力资源规划是指企业以发展战略和经营规划为基础，盘点现有人力资源状况，预测未来一定时期内的人员供给数量和质量与人员需求数量和质量，并采取相应的措施平衡人员供给和需求。

2. 招聘与录用

招聘与录用是人力资源进入企业或者具体职位的重要入口。招聘是指人力资源部门和用人部门以企业发展战略和人力资源规划为基础，通过各种渠道和方法，采用多种措施吸引和甄选应聘者填补岗位空缺的过程；录用是指人力资源部门和用人部门一起做出录用决策，并对录用人员进行录取和任用的过程，具体包括决定并通知录用人员、签订劳动合同、试用、正式录用等事宜。

3. 培训与开发

培训与开发是实现人力资本增值的重要途径。培训是指企业提升员工知识、技能，改善员工工作态度和工作业绩，采用各种方法对员工进行的有计划和连续的教育、培养、学习等活动；开发是指企业根据员工职业发展要求和企业发展需求对员工的潜能进行开发，并对其职业发展和企业人才梯队建设进行系统设计和规划的管理活动。

4. 绩效管理

绩效管理是企业为实现发展目标，运用特定的标准和指标，采用科学的方法，定期对员工的绩效完成情况进行监控、沟通、评价和反馈，以持续改进员工个人绩效，最终提高企业绩效为目的的管理手段和管理活动。

5. 薪酬管理

薪酬管理是指企业对员工的薪酬支付标准、发放水平、要素结构、内容形式进行确定、调整和控制的动态管理过程，即对工资、奖金、津贴和利润等薪酬要素进行确定与调整，并进行管理的过程。

6. 劳动关系管理

劳动关系是指企业所有者、管理者、员工和员工代言人等主体之间围绕雇佣和利益关系而形成的权利和义务关系。劳动关系管理的主要内容包括员工流失管理、企业文化管理、员工入职离职管理、劳动合同管理、劳动争议处理、劳动安全卫生管理等。

1.1.2 人力资源管理的环境

人力资源管理环境会影响人力资源管理的活动。环境包括内部环境和外部环境。外部环境主要是指政治环境、经济环境、文化环境和技术环境；内部环境主要是指企业发展战略、企业生命周期、组织结构、企业人员状况和企业文化。

走近 HR：人力资源服务业就业新方向（一）

1. 外部环境

（1）政治环境。稳定的政治局面是企业生存的必要条件，企业发展状况的好坏必然会影响其人力资源管理。政府发布的方针政策和法律法规等规定，直接影响甚至决定企业人力资源管理活动。比如，我国的《劳动法》《劳动合同法》《失业保险条例》《工会法》《就业促进法》等法律法规都会影响企业的人力资源管理活动。

（2）经济环境。经济环境主要包括经济发展状况和劳动力市场状况，人力资源管理的很多职能活动都会受到这两方面因素的影响。经济快速发展会拉动企业业务增长，进而增加劳动力需求，劳动力市场供给会比较紧张，企业招聘录用新员工的工作难度相应增加。同样，经济快速发展和劳动力市场供给紧张时，劳动力价格必然会上涨，进而造成企业人力成本的增加。

（3）文化环境。文化环境主要包括文化传统、价值观、伦理道德、风俗习惯、宗教信仰等。文化具有重要的导向作用，会影响人的思维方式和行为模式，进而对人力资源管理产生重要影响。比如，管理学家威廉·大内（William Ouchi）在总结美国和日本人力资源管理模式差异时，认为两国文化的差异造成了管理模式的不同。

（4）技术环境。知识创新和技术迭代等技术发展环境会深刻影响企业的人力资源管理活动。尤其是在信息化技术促进产业变革的时代，企业的智能化转型、新技术的引入要求员工必须掌握新知识和新技能，这就要求企业密切关注员工岗位任职要求的变化，制订和实施有效的人力资源培训开发计划。

2. 内部环境

（1）企业发展战略。企业发展战略是企业经营发展的指引，企业的任何经营和管理活动都需要服务于企业战略发展的需要。不同的企业发展战略要求匹配不同的人力资源发展战略，要求根据企业战略开展人力资源管理活动。

（2）企业生命周期。企业生命周期一般包括初创阶段、成长阶段、成熟阶段和衰退阶段等四个阶段。与企业四个阶段发展重点相适应的是不同的人力资源管理职能活动。在初创阶段，各项人力资源管理活动较为简单。在成长、成熟和衰退阶段，则要求人力资源管理根据不同的企业发展战略提供不同的支持，以保证企业能持续生存发展。

（3）组织结构。企业的组织结构决定了企业的职位数量、各部门的职位名称、各职位的任职要求。只有当组织结构确定以后，企业才能进行职位分析和后续的人力资源管理活动。不同组织结构所对应的人力资源管理职能活动也不同。

（4）企业人员状况。企业人员状况包括员工的数量、质量、结构和潜力等，员工盘点是企业制定人力资源规划的基础。为了保证员工能够胜任职位要求，企业通过培训开发不断提高员工的知识技能水平，使其完全适应企业的发展。

（5）企业文化。企业文化与人力资源管理具有密切的联系，也有企业将企业文化建设作为人力资源管理的职能活动。优秀的企业文化能够引导和约束员工行为，激发员工的凝聚力和工作积极性，提高员工的敬业度和组织承诺，使企业的发展更具成长性和稳定性。

1.2　人力资源管理系统

1.2.1　人力资源管理的闭环生态系统

1. 人力资源管理的"点"

"点"是指人力资源管理具体工作中的关键点。要做好人力资源管理的某项具体工作，应把握好这项工作中所包含的关键"点"。例如，绩效管理是人力资源管理的一项具体工作，做好绩效管理包括企业战略明确、组织架构通畅、部门职责清楚、职位说明书规范等一系列关键"点"。

2. 人力资源管理的"线"

"线"是指人力资源管理的具体工作。要做好人力资源管理的具体工作，必须把所有关键"点"有机联结成"线"。"线"类似人力资源管理具体工作流程，如招聘管理、绩效管理、培训管理等人力资源管理的具体工作流程。

3. 人力资源管理的"面"

"面"是指将人力资源管理具体工作的"线"有机联结，形成一个具有整体性特征的人力资源管理体系。例如，人力资源规划、招聘与录用、培训与开发、绩效管理、薪酬管理、劳动关系管理及企业文化等所有人力资源管理具体工作的"线"，互相交织在一起，就形成了一个整体性的人力资源管理体系的"面"。

4. 人力资源管理的"体"

"体"是指由人力资源管理各个"面"打造成的封闭、立体、良性的循环运行系统。封闭有两层意思：一是指封闭在一个企业里，而不是封闭在人力资源管理部门；二是指封闭在企业的所有生产经营之中，包括企业战略、业务提升等各个方面。人力资源管理的"体"必须与企业核心业务的"体"互相作用，为所有业务单元提供常规性和基础性、系统化和集成化的人力资源服务，为不同业务单元提供灵活性、个性化的人力资源服务，共同推动企业核心业务流程的发展。

在构建人力资源管理闭环生态系统中，"体"是目标，"点、线、面"互为基础和支撑。换言之，"点、线、面、体"反映了企业整体人力资源管理的水平。企业整体人力资源管理水平的提升是"点、线、面、体"逐步完善的过程。

1.2.2　企业人力资源诊断

企业人力资源诊断是管理咨询人员调查评估企业人力资源管理现状和效果，进而提出改革方案，以帮助企业提高管理效率，达到"人"与"事"动态适应的顾问服务活动。作为人力资源管理部门，应如何进行本企业的人力资源诊断呢？

1. 清楚人力资源诊断是寻找问题并解决问题的过程

寻找问题是人力资源诊断的关键环节。通常来说，首先诊断组织架构是否与组织战略相一致，是否存在问题；其次诊断组织架构是否科学合理，是否达到纵向组织决策执行畅通，横向部门职能不交叉重叠；再次诊断部门职责是否清晰，职位说明书是否责、权、利明确；最后诊断人力资源相关制度（如绩效制度、薪酬制度等）是否具有激励性等具体问题。

2. 掌握人力资源诊断的基本方法

人力资源诊断的方法通常有问卷调查法、量表调查法、面谈调查法、统计分析法、案例分析法、图像描绘法及德尔菲法等。可以单独使用这些基本方法，也可以综合运用其中几种方法进行诊断，具体要根据企业的实际情况进行选择。无论选择哪种方法，都必须达到能够找出企业人力资源管理存在的问题并分析解决问题的目的。

3. 运用诊断方法综合分析存在问题的主要影响因素

需要注意的是，如果人力资源诊断仅仅是对调查结果进行统计、对比，那么就不能反映企业哪些人力资源管理活动是有效的、哪些是需要改进的。人力资源诊断必须依据人力资源管理理论和逻辑，分析影响存在问题的各项指标因素。只有分析了存在问题的主要影响因素并提出论证，才能为最终解决问题提供有价值的对策和建议。

4. 形成能够解决问题的人力资源诊断报告

在发现企业人力资源管理存在的问题，并探究造成问题的原因后，须针对问题的原因提出可操作性的对策和建议，形成科学的人力资源诊断报告。

总之，人力资源诊断是一个发现企业人力资源管理存在问题、寻找产生问题的原因并探求解决方案的过程。这是一个遵循"现象陈述—收集资料—进行分析—提出假设—印证假设—导出结论—建言献策—实施计划—辅导执行"流程的管理过程。

1.2.3　人力资源管理的"问题解决"

综观整个管理思想发展史，各种管理学派要么提出了有影响力的管理问题，要么对旧的管理问题提出了新的分析方法、解释框架和重要理念。可以说，一部管理思想史，就是一部不断提出问题并解决问题的发展史。人力资源管理的出现和发展，同样基于提出问题和解决问题，关注的是复杂的人的问题的解决。

1. "问题解决"关注的出发点是发现并提出问题

发现并提出问题，需要发现现象背后的本质问题，若是一眼就能看到的现象问题就不能称为本质问题。比如，我们走进一家企业，看到多数员工面色沉重，就断定是企业文化做得不好，应该加强企业文化建设，这是典型的现象问题思维。正确的做法是，透过现象问题找出其内在的本质问题。员工面色沉重，可能是企业文化问题，也可能是管理方式问题，还可能是薪酬问题、绩效问题等。

2."问题解决"关注的是对旧问题提出新的解决办法

对旧问题提出新的解决办法，是指对长期以来阻碍人力资源管理发展的问题提出新的解决措施。比如，管理学中经典的"彼得原理"，它揭示了工作不胜任现象的普遍性，认为造成工作不胜任现象的深层次原因是组织层级问题，是由晋升制度本身的悖论造成的。但对这个悖论问题的解决一直延续到今天，新的解决办法仍在不断提出和完善中。再如，薪酬问题、绩效问题等旧问题，随着人力资源管理理论研究和实践操作水平的不断提高，出现了不少新理论和新办法。虽然这些新的解决办法是对旧问题解决办法的不断完善和改进，但找到能够穷尽这些旧问题的最终解决办法，才是推动人力资源管理继续发展的动力所在。

3."问题解决"关注的是找出新问题并提出解决办法

问题是时代的格言，每个新的时代必然会出现新问题，找出新时代出现的新问题并提出解决方法，是推进人力资源管理不断发展的关键所在。比如，大量互联网公司等新型组织的出现，人力资源管理也随之产生了新的问题，阿里巴巴、腾讯和华为等公司对新型组织人力资源管理方式的探索和实践，必然会促使人力资源管理在解决新问题中不断发展。因此，人力资源管理的发展，要站在人类智慧的窗口，回答当代社会不断出现的新问题，并在不断解决新问题的过程中努力实现人力资源管理的发展。

4."问题解决"关注的落脚点是能够提供有效解决问题的办法

发现并提出问题，是人力资源管理的前提；不断提供有效解决问题的措施，是人力资源管理的终极目标。实践证明，只有能够解决当下时代面临问题的人力资源管理，才具有时代意义，才能满足时代发展的要求。

1.3　人力资源管理主体

1.3.1　人力资源管理部门

总体来说，企业人力资源管理部门的价值主要体现在以下几个方面。

1. 控制企业的人力成本

绝大多数人力资源管理部门都会把控制人力成本归结为老板的责任，这恰恰说明人力资源管理部门没有体现部门价值。人力成本的控制体现在薪资成本、招聘成本、培训成本等所有涉及人的方面。但是，人力资源部门是不是真的知道企业员工的人力成本是多少？是不是真的能够制定一整套有竞争力、切实可行的人力成本运行和控制方案？是不是能够拿着方案去说服企业执行？能够有效

走近HR：人力资源服务业就业新方向（二）

控制企业的人力成本才是人力资源管理部门价值的体现。

2. 提高企业的整体人力资源管理水平

人力资源管理部门要从整体性角度去思考如何提高企业的人力资源管理水平。目前，大多数人力资源管理部门还停留在企业要求做什么就去做什么的阶段，说缺人就去招人、说需要培训就去培训、说员工积极性不高了就去做绩效、说员工流失率高了就去提高员工工资。诸如此类的做法，难以体现人力资源管理部门的价值。因此，必须提高企业整体人力资源管理水平，全面构建人力资源管理体系，才能体现人力资源管理部门的价值。

3. 提升企业的整体人力资源服务水平

人力资源管理部门不仅是一个管理部门，也是一个服务于所有员工的部门，其本质是为企业发展提供人力资源支撑。因此，要提高服务意识，在服务中提高和实现部门价值。

总之，人力资源管理部门的价值体现要靠自身去争取，价值实现的多少和程度，关键是看我们能不能、会不会在工作中展现出来。人力资源管理部门的工作内容和流程如图 1-1 所示。

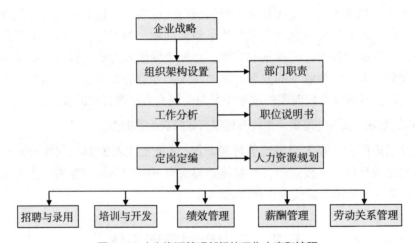

图 1-1　人力资源管理部门的工作内容和流程

1.3.2　人力资源管理者

1. 人力资源部各岗位工作目标

一般而言，人力资源管理部门按照岗位职能可以分为招聘管理类、培训管理类、绩效管理类、薪酬管理类、员工关系类等岗位类别，不同岗位类别的总体目标和细化目标如表 1-1 所示。

表 1-1　人力资源部各岗位的工作目标

岗位类别	总体目标	细化目标
招聘管理类	人员需求分析	结合企业战略和人力资源规划，及时了解企业的人员需求
	招聘实施目标	招聘工作及时，招聘计划完成率达到 100%
		人员适岗率达到 ＿＿＿ %
		部门对新员工满意度评价达到 ＿＿＿ 分以上
培训管理类	培训需求分析	及时了解企业战略和员工培训需求，制订合理的培训计划和实施方案
	培训实施目标	组织实施各项培训活动，培训计划完成率达到 100%
		培训准备工作充分，各部门配合协调
		领导对培训效果满意度评价达到 ＿＿＿ 分以上
		受训者对培训效果满意度评价达到 ＿＿＿ 分以上
绩效管理类	绩效管理制度	绩效管理制度内容完善且得到全面实施
	绩效实施	绩效考核工作按时完成率达到 100%
		考核的数据准确、客观
薪酬管理类	薪酬福利体系	企业薪酬水平对外具有竞争力，对内具有公平性
		薪酬福利体系能根据企业环境变化动态调整
	薪酬日常管理	员工薪资按时发放，无差错
		各项保险与福利符合国家法律法规政策规定
		员工对企业薪酬管理工作的满意度评价达到 ＿＿＿ 分以上
员工关系类	劳动合同管理	劳动合同签订、续订与变更等手续办理及时、无差错
		劳动合同档案完整、无缺失
	劳动争议处理	劳动争议处理及时
		劳动争议解决率达到 100%
	员工满意度	员工满意度评价达到 ＿＿＿ 分以上

（资料来源：吴强，阚雅玲，丁雯，等. 人力资源管理基础与实务 [M]. 3 版. 北京：中国人民大学出版社，2019：21-22.）

2. 人力资源总监的职责

一名优秀的人力资源总监应该是企业的"二号人物"，行使的是"政委""参谋长"的职责，具备管理整个企业的能力。人力资源总监承担的职责，可以概括为以下几个方面。

（1）企业战略制定的参与者和执行者

这里包括三个层次的内容：第一层次是人力资源总监能够参与企业的战略决策，能够及时了解企业的战略决策并为决策提供人力资源管理方面的建议和支持。第二层次是人力资源总监能够影响企业战略决策，能够根据企业人力资源状况、市场人力资源供求状况为企业战略决策提供决策依据，从而影响企业的战略决策。第三层次是执行企业战略决策，是建立在参与和影响决策基础上的执行。一名优秀的人力资源总监能不断努力让自己成为企业战略制定的参与者和执行者，进而实现自身价值。

（2）企业人力资源管理体系的构建者和奠基者

构建企业人力资源管理体系，是人力资源总监最为关键的职责，体现的是其在企业人力资源管理工作上的高度，以及整体性、系统性解决人力资源管理问题的能力，代表的是一个企业整体人力资源管理的水平。因此，一名优秀的人力资源总监必须是企业人力资源管理体系的奠基者和构建者。

（3）企业组织变革的推动者和操刀者

适应不断变化的环境，努力推动企业组织变革，提高企业竞争力，是人力资源总监义不容辞的职责，是对企业组织变革推动者的职责要求。同时，提高员工对组织变革的适应能力，与员工进行沟通，及时了解员工需求，提高员工敬业度，增强员工忠诚度，妥善处理变革中的冲突和各种人力资源管理问题，推动组织变革顺利进行，这些也是人力资源总监不可推卸的责任，是企业组织变革操刀者的职责体现。

（4）企业日常人力资源管理工作的统筹者和领导者

企业日常人力资源管理工作，即我们常说的人力资源规划、招聘与录用、培训与开发、绩效管理、薪酬管理和劳动关系管理六大模块的工作，也可以简单地概括为"选人、育人、用人、留人"的人力资源管理"八字经"。一名优秀的人力资源总监，必须是以上人力资源日常管理工作的统筹者和领导者，而不是这些人力资源日常管理工作的实际操作者，不需要所有具体工作都亲力亲为。

3. 人力资源管理者应具备的素质

人力资源管理者应具备的素质主要包括思想素质、专业知识、业务知识和实施能力等四大类，具体要求如表1-2所示。

表1-2　人力资源管理者的素质要求

项目	具体要求
思想素质	具备良好的道德品质，遵守职业道德，不违背职业操守
专业知识	掌握并精通人力资源规划、招聘与录用、培训与开发、绩效管理、薪酬管理、劳动关系管理等各项职能活动的专业知识
业务知识	掌握企业所属行业的知识及企业经营业务的知识
实施能力	较强的沟通协调能力、团队协作能力、语言表达能力、文字撰写能力、统计分析能力、计划能力、应变能力、抗压能力、分析判断能力、学习能力等

1.3.3　非人力资源部门的人力资源管理

大量企业非人力资源部门的管理者认为，人力资源管理只是人力资源管理部门的事情。其实，非人力资源部门的管理者无时无刻不在进行着人力资源管理工作，正如通用电气前董事长兼CEO杰克·韦尔奇（Jack Welch）所说，"任何一位经理首先是人力资源部门经理，人力资源管理工作是所有经理必须熟悉的核心工作之一"。为了达到管理效果，人力资源部如何能让非

工具：人力资源管理职责分工

人力资源部门主动执行具体的人力资源管理工作呢?

1.让企业知道人力资源管理水平是企业整体管理水平的体现

那么,如何判断一家企业的人力资源管理水平?大多数企业会认为,这是由人力资源管理部门决定的。其实,恰恰相反,如果一个企业的人力资源管理水平很高,那么它的外在体现应该是该企业非人力资源部门管理者的人力资源管理水平很高。因此,一家企业人力资源管理水平的高低绝不仅仅是人力资源管理部门的事。

2.不断加强非人力资源部门的人力资源管理水平

普遍而言,很多企业的管理者走上管理岗位,并不仅仅因为他具备了管理的理论和技巧,更多的则是其在原有工作岗位上工作出色等其他的因素。因此,人力资源部门必须通过培训等多种方式提高其他部门管理者的管理水平,特别是提高他们的人力资源管理水平,让用人部门都能主动与人力资源部门就人力资源规划、招聘、培训、绩效、薪酬、劳动关系等模块进行积极有效的沟通。

3.将选人、育人、用人、留人等关键工作分解到用人部门

在选人上,人力资源部门要让用人部门管理者根据企业发展战略、经营计划,结合本部门人员状况,确定部门招聘需求。在育人上,要让用人部门管理者知道除了业务培训外,还需制订完备的工作计划,从多方面激励员工开展工作,适时进行监督和检查;要了解员工的需求状况,并有针对性地给予帮扶。在用人上,要让用人部门管理者知道应将最合适的人放在最合适的岗位上,合理地分配任务。在留人上,要让用人部门管理者知道企业招聘是有成本的,要超前考虑留住人才的办法。

4.让用人部门知道人力资源部是人力资源管理制度的制定者和监督者

在现代企业中,人力资源部绝不仅仅是处理一些日常行政事务的部门。对企业来说,员工是资本,人力资源部扮演的是管理好员工这一资本的角色,要在选人、育人、用人、留人过程中制定和监督整个公司的人力资源管理战略和制度。在企业中,真正的人力资源管理执行者是各个用人部门。

1.4　人力资源管理体系实务操作训练

1.4.1　实训项目:人力资源管理体系

1.实训目的

通过实训,学生能够掌握人力资源管理的内容,分析人力资源管理发展的趋势和所面临的挑战,并能根据企业实际建立人力资源管理体系。

微课:人力资源领先战略

2.实训类型

角色扮演、综合性实训。

3.实训环境

电脑、投影仪、麦克风、人力资源管理仿真实验室。

4.实训背景资料

2020年,《德勤全球人力资本趋势报告》围绕一个主题——"悖论"、两条主线——"人类"和"技术"、三大命题——"使命""潜能""发展",对全球人力资本的十大趋势展开讨论。

拓展阅读:2011—2019人力资本趋势

（1）归属感：从舒适感到连接感再到贡献感。

（2）幸福感：围绕员工幸福感设计工作。

（3）多代职场：从千禧世代到多世代员工。

（4）超级团队：让人工智能融入团队。

（5）知识管理：为互联世界创造可能。

（6）超越技能：投资弹复力应对未知的未来。

（7）薪酬迷局：契约中的人性化原则。

（8）用工战略：迎接未来的新问题。

（9）道德与未来工作："正确地做"与"做正确的"。

（10）人力资源角色的转变：拓宽视野与影响力。

2021年,《德勤全球人力资本趋势报告》通过全球人力资本发展趋势的五个方面来探索组织从生存到繁荣的过程。

（1）为幸福而设计工作：工作与生活平衡的终结。

（2）超越技能：释放员工的潜力。

（3）超级团队：工作发生的地方。

（4）管理劳动力战略：为工作和劳动力设定新的方向。

（5）给HR的一份备忘录：加速向重新架构工作的转变。

2023年,《德勤全球人力资本趋势报告》围绕"无边界世界的新法则"对全球人力资本的趋势展开讨论。

（1）岗位走向终结：技能将替代岗位,成为员工和工作的连接点。

（2）科技赋能人才：用科技优化工作,使人更擅于工作。

（3）激活未来工作场所：使工作场所成为对工作的助力。

（4）管理员工数据：合理合法,谋求互利共赢。

（5）利用员工自主性：组织通过持续提升员工影响力来驱动价值并增强与员工的关系。

（6）解锁劳动力生态：消除传统就业方式差异,释放关键技能和人才潜力。

（7）大胆行动,争取公平结果：多元性、公平性和包容性带来从行动向结果的转变。

（8）推进可持续发展的人为因素：人的可持续发展上升为组织可持续发展战略的重中之重。

（9）提升对人为风险的关注：改变看待风险的视角,聚焦"人"的因素。

（10）在无边界世界中领航：重塑领导和影响他人的方式。

（资料来源：根据 2020 年、2021 年、2023 年《德勤全球人力资本趋势报告》整理而成）

5. 实训任务

（1）结合《德勤全球人力资本趋势报告》，你认为企业人力资源管理应包括哪些工作内容？

（2）结合《德勤全球人力资本趋势报告》和微课"人力资源领先战略"，你认为人力资本发展有哪些共性？又有哪些区别？哪些因素推动了全球人力资本的发展？

（3）结合中国企业，你认为人力资本发展面临的挑战主要体现在哪些方面？企业人力资源管理部门应如何应对新的挑战和新的形势？

6. 实训步骤

（1）课前准备与任务布置：①划分任务小组，组成一个企业的人力资源部，一般每组5～7人。②每组推选一位成员担任组长，即人力资源部经理；小组成员角色扮演和任务分配可自行决定。③指导教师向各组提供实训资料和阅读书目，学生提前熟悉实训任务。

（2）课中讨论与评价：①教师讲解人力资源管理体系的重点和难点。②各小组根据实训资料进行讨论，教师给予必要的指导。③各小组派 1 名代表进行分享演讲，教师和其他小组就相关问题提问。④教师进行点评总结，各小组开展自评、互评。

（3）课后总结与提升：各小组撰写实训报告，并完成拓展阅读。

知识与能力训练

测验题

讨论题

第二章　人力资源规划

凡事豫则立，不豫则废。言前定，则不跲；事前定，则不困；行前定，则不疚；道前定，则不穷。

——春秋子思《中庸》

⊕ 学习目标

- 掌握企业组织架构设计要求和步骤
- 掌握职位说明书的内容和编写步骤
- 了解人力成本的构成和预算编制流程
- 掌握人力资源规划的程序和实务操作
- 能够根据企业实际编制人力资源规划书

⚇ 引导案例

海尔集团的人力资源规划和管理

海尔集团（以下简称海尔）自 1984 年创立以来已经历了 5 个战略阶段，2019 年正式进入第六个战略（生态品牌战略）阶段。2022 年，海尔全球营业收入达 3506 亿元，品牌价值达 4739.65 亿元。海尔创始人张瑞敏曾说："人才是企业竞争的根本优势。人可以识物、创造物，只要为他创造了条件，他就能适应变化、保持进步，成为取之不尽、用之不竭的资源。有了人才，资本才得以向企业集中，企业在竞争中才能取胜。"海尔的成功可归功于对人力资源的规划与管理，良好的人力资源规划与管理可以帮助企业吸引人才、培养人才、留住人才。

1. 按单聚散的开放动态人才战略体系

海尔构建了动态循环的人力资源管理体系，并且提出"世界就是海尔的研发部，世界就是海尔的人力资源部"的口号。第一，实行动态实时的人才配置方式。海尔按照市场需求和企业战略目标，通过开放平台聚集和吸引全球优秀人才，实现了市场需求、企业战略和人才需求的动态平衡。第二，小微团队通过 PK 方式竞单上岗，在完成单子的过程中，不仅使团队持续保持活力，还充分吸纳了全世界的创新资源和人才，由此形成了"世界就是海尔的人力资源部"。

2. 科学合理的用人机制

海尔的管理方式主要有"斜坡球体人才发展论"和"变相马为赛马"两种方式。海尔实施的 OEC 管理法（overall every control and clear，译为全方位优化管理法，是海尔于1989 年创造的企业管理法）要求对每天、每人、每件事进行清理、控制，"日事日毕，日清日高"，以求把问题控制在最小的范围，在最短时间内解决，把损失降低到最低程度。海尔"变相马为赛马"的机制，目的就是发挥人才的最大潜力，最大限度地选出优秀人才，与"斜坡球体人才发展论"相辅相成。

3. 激发人才活力的培养体系

海尔的人才培养一直贯穿"以人为本"原则以激发每个人的活力。第一，海尔人通过大力宣传、上下灌输、员工互动培训、文化氛围建设等方式进行价值观培训。第二，通过案例、到现场进行"即时培训"等模式进行实战技能培训。第三，为每个员工制订个性化的培训计划，并实行培训与上岗资格相结合，针对管理人员、专业人员、工人分别设计不同的职业生涯，"海豚式升迁"是海尔培训的一大特色，"届时要轮流"是海尔技能人才培训的重要措施。第四，通过打造海尔大学、海尔国际培训中心、海尔北大联合创业基地等对员工进行创业培训和教育。

4. 公平动态的激励机制

公平动态的激励机制充分开发了员工潜力，实现企业与员工的双赢。第一，海尔对人的考核任免讲究"三公"原则，即公平、公正、公开，在实践中比较才能和业绩来定优劣。海尔拥有一整套绩效管理制度，这套制度基本上都是以 OEC 管理法为核心发展出来的。员工的日清成绩直接影响其月度工资、年度工资、考核业绩和福利待遇。第二，建立对赌薪酬分享机制，采用人单合一的模式、薪酬与市场价值挂钩的动态薪酬形式，驱动员工从"打工"转变为小微团队的"主人"，实现客户价值和人力资源价值的双价值驱动。

（资料来源：韦晓英. 开放式创新下的企业人力资源管理变革策略研究——基于海尔实践的案例分析[J]. 管理现代化，2019，39（6）：87-92；海尔集团官方网站：https://www.haier.com/）

2.1　组织设计

2.1.1　组织架构的设置

1. 组织架构的分类

组织架构是组织为了达成目标而设计的，对人力资源的上下级关系、平行关系、内外部关系、工作流程、岗位职权、岗位职责、工作内容、工作目标等各类要素的组合配置方式。根据管理流程、上下级关系和分工模式的不同，组织架构可以分为直线制、职能制、直线职能制、事业部制、矩阵制等多种形式。由于未来竞争环境的不确定性和多变性，越来越多的企业开始进行组织变革，出现了诸如平台型组织、网络型组织、阿米巴组织、合弄制组织、蜂巢组织、青色组织等多变（volatility）、不确定（uncertainty）、复杂（complexity）和模糊（ambiguity）的 VUCA 组织模型。

2. 组织架构的设计

一个好的企业组织架构至少应该满足以下几个方面的要求。

微课: 组织架构设计原则

（1）能够满足企业发展战略的需要，对实现企业的发展战略起到真正的支撑作用。

（2）能够满足上情下达、下情上达的需要，真正实现企业纵向交流的通畅，做到任务执行和工作汇报无阻碍。

（3）能够满足企业各部门之间职责无重复、无交叉的需要，真正做到各部门职责独立、清晰。

（4）能够满足企业所有事情都有相应部门负责，真正做到所有工作有部门管，实现管理零漏洞。

设计一个好的企业组织架构，并不是简单的事情，不是绘制一幅简单的组织架构图就可以，也不是形式主义。从某种程度上来说，企业组织架构的设计，更多体现了企业的整体管理水平。好的组织架构的设计，应该遵循一定的设计逻辑。从实际操作来说，至少应该包括以下几个步骤。

（1）明确企业的发展战略，这是设计企业组织架构的前提和基础。组织架构的设计主要围绕企业的发展战略，是为了确保企业发展战略的实现。如果企业发展战略不明确，必然会大大削弱组织架构的高效性和适应性。

（2）根据企业发展战略，全面考虑实现发展战略需要设置的部门，实现管理零漏洞。部门设计的方式有很多，可以按照职能、地域、产品、流程、顾客等形式进行划分。

（3）将所有需要设置的部门进行业务类和职能类的归类，合并业务和职责重复的部门，尽量减少部门设置的数量。

（4）根据企业实际，将所有部门进行纵向和横向的排序，确保管理层级清晰，最后绘制完整的企业组织架构图。

（5）对设计好的组织架构图进行模拟验证，检查组织架构实施效果并进行完善。这一点很重要，必须进行模拟检验，才能在企业中发文执行。

2.1.2　部门职责的编写

编写部门职责可以从明确部门设立目的，即部门为什么存在，来全面梳理部门关键职能着手。具体来说，应该重点关注以下几个方面。

（1）明确部门设立目的。也就是部门存在的理由是什么？部门的价值在哪里？这可以用简短的几句话进行说明。

（2）全面梳理部门关键职能。关键职能是指部门必须完成的事情，这些职能是部门驱动企业发展的关键能力，是部门所做的独特的、较高层次的贡献，建议关键职能不超过六项。这是编写部门职责中最重要的一个环节。对关键职能的提取，通常的做法是使用鱼骨图法来确定，具体如图 2-1 所示。

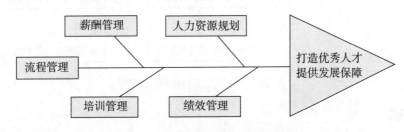

图 2-1　提取部门关键职能的鱼骨图

（3）在梳理各部门职责的同时，梳理部门间的工作配合情形，以解决部门协作配合效率低下的问题。

（4）仔细描述完成关键职能的主要工作任务，也就是如何确保关键职能的达成。

以企业人力资源部为例，该部门的主要工作职责如表 2-1 所示。

表 2-1　人力资源部的主要职责

部门名称	人力资源部
部门概述	人力资源部作为企业人力资源的管理部门，负责选拔、配置、开发、考核和培养企业所需的各类人才，制定并实施各项薪酬福利政策及员工职业生涯规划，调动员工积极性、激发员工潜能，并对企业持续长久的发展负责
部门职责	1. 人力资源规划管理：负责人力资源规划的制定，拟定企业人员编制，编制人力资源支出预算，进行成本控制等 2. 人力资源规章制度管理：拟定、修订、废止、发布、解释人力资源管理制度，进行各部门职责权限划分 3. 人事管理：解决人事问题，协调人事关系，包括员工招聘、录用、调配、解聘、培训、考核、薪酬、福利、奖惩等事项 4. 人事档案管理：负责人事档案的汇集、整理、存档、调查、统计分析和劳动合同的管理等 5. 勤务管理：负责员工考勤、请销假、离职手续转办等 6. 劳务管理：负责劳动合同的签订和劳动关系的建立、维护，受理劳动纠纷等

2.1.3 "三定"工作打好人力资源管理基本功

人力资源管理基本功，主要是指"选人、育人、用人、留人"这个"八字经"。但做好这"八字经"工作的关键是"三定"，即定职责、定流程和定标准。"三定"工作的具体流程如图 2-2 所示。

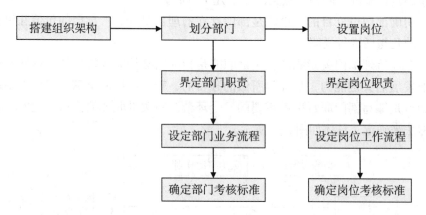

图 2-2 "三定"工作的具体流程

1. 定职责

定职责是人力资源管理的一项基本工作。定职责最关键的是定好部门职责和岗位职责。职责清晰对部门来说，能界定好部门之间的责任，避免部门之间互相推诿，做到凡事都有部门管；对岗位来说，就是界定岗位的工作职责，做到凡事都有人去做。

2. 定流程

定流程是定职责的更进一步，是决定人力资源管理基本功是否深厚的一个关键方面。定流程最关键的是定好部门业务流程和定好岗位工作流程。部门业务流程是部门工作能否顺畅开展的关键。一个好的部门业务流程图能够让部门员工知道做事的流程，这是做好事情的关键点。岗位工作流程图是做好岗位工作的指引图，包含做好岗位工作的各个关键点。一个好的岗位流程图能够做到即使这个岗位的员工离职，新招聘的员工对照岗位流程图也能快速适应岗位工作，胜任岗位要求。

3. 定标准

定职责和定流程工作完成以后，就必须做好定标准了。定职责和定流程，都只是界定清楚了部门职责、岗位职责及部门工作流程和岗位工作流程。职责和流程做得好坏的标准是衡量职责和流程执行效果的一个重要方面。从某种程度上来说，定标准就是把职责和流程纳入绩效考核当中，从而确定部门和岗位的绩效考核标准。

2.2 职位说明书

2.2.1 职位说明书的内容和编写要求

职位又称岗位，职位说明书也称岗位说明书。一般来说，一份完整的职位说明书至少应该包括职位名称、所属部门、直接上级、职位编号、职位职责、任职资格等内容。当然，一份职位说明书除了应具有完整性要求外，还应强调可操作性特征，能让从事这个职位的员工从职位说明书中看到自己应该做什么、怎么做、做到什么程度。也就是说，具有可操作性的职位说明书必须在明确职位责任的前提下，还能让员工知道怎样去履行职位责任，怎样把这个职位的工作做好。具体而言，要使职位说明书真正具有可操作性，应该在完整的职位说明书中继续充实以下两个方面的内容。

1.明确职位责任和完成职位职责的工作内容

在职位说明书的每个职位职责后面，明确各项职位职责的具体工作任务，或者是完成职位职责的具体步骤。通过对这些步骤的把控，确保职位职责的顺利完成。只有这样，才能让职位的每个职责都能真正落实，也能让管理人员拿着职位说明书就能知道从事职位的人员做到什么程度、做得好不好、是不是需要进一步提高。

2.明确职位间的配合事项、角色责任和具体职责

在职位说明书明确了职位责任和完成职位职责的工作任务后，还有一项重要内容须充实和完善，那就是需要进一步明确职位之间需要配合的事项、配合双方的角色责任及具体职责等事项。这里需要注意的是，必须明确职位配合之间责任的主次，如表2-2所示。只有这样，才能强化各职位的责任意识。此外，还必须建立健全的责任追究机制，以确保各项工作职责的顺利履行。

表2-2 部门职责分配与职位配合模板

部门职责	部门内职位	职位职责	工作任务	配合职位
部门职责1				
部门职责2				
部门职责3				
部门职责4				
部门职责5				

综上所述，完整性和可操作性是编写职位说明书的基本要求。一份完整的可操作的职位说明书至少应该包括以下七个方面的内容：职位标识、职位职责、职位关系、职位权限、业绩标准、工作条件和环境、任职资格。具体内容和编写要求如表2-3所示。

表2-3 职位说明书的内容和编写要求

内　容	编写要求
职位标识	关于职位的基本资料，主要包括职位名称、职位编码、职位等级、所属部门、定员标准和分析日期等方面的识别信息
职位职责	主要包括职责概要和职责范围，职责概要是用简明的语言说明职位的主要工作职责；职责范围是对职责概要的具体细化，描述的是职位承担的职责和每项职责的主要任务活动
职位关系	明确职位与企业内部哪些部门和哪些职位有工作关系，与企业外部哪些部门和人员有工作关系
职位权限	为了确保任职者工作的顺利开展，必须赋予职位权限，权限要和工作责任对等一致
业绩标准	明确职位上每项工作职责业绩完成情况的评价要素和评价标准
工作条件和环境	包括工作的时间要求、地点要求、物理环境条件等
任职资格	对从事该职位工作的最低要求，任职资格要求有：学历及专业要求，资格证书，工作经验、知识和技能要求，个性要求，身体状况

2.2.2 职位说明书的编写步骤

编写职位说明书没有标准化的格式，其内容可繁可简，精细程度深浅不一，结构形式也呈现多样化。但是，在编写时要遵循适时修订的原则，一般来说，职位说明书每年要例行修订一次，尤其当组织结构和职位主要职责发生改变时，需要及时对其进行修正。职位说明书的编写步骤如图2-3所示。

工具：职位说明书范本

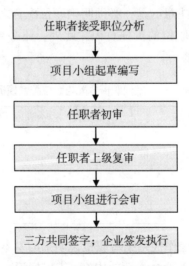

图2-3 职位说明书的编写步骤

2.2.3 职位说明书和胜任力模型的关系

胜任力又称胜任素质、胜任能力，是为了达到某个职位要求所应具备的任职条件和能力。胜任力模型是担任某一个特定的任务角色（职位）而必须具备的胜任力总和，由核心能力素质、通用能力素质、专业能力素质三部分组成。该模型的应用几乎贯穿了整个人力资源管理的活动与流程，对支持企业人力资源管理日常工作、人才招聘、员工培训、人力资源配置、后备人才培养、绩效管理、人才激励等都起着重要的作用。目前，胜任力评价在政府机关、企事业单位中得到广泛应用。那么，职位说明书和胜任力模型有何联系和区别呢？

1. 构建胜任力模型以职位说明书为基础

职位说明书是完成一个职位任务而必须具备的所有条件的总称，其中一个条件是职位胜任力。胜任力模型是将职位说明书中的胜任力这一个条件进行提升和深化，即使是职位说明书中的一个重要条件，也不能完全等同于职位说明书。

2. 职位说明书和胜任力模型强调的重点不同

职位说明书不但包括了职位任务所应具备的任职资格，更强调职位所必须完成的职责和任务。也就是说，职位说明书不仅包括完成职位的职责和任务，还包括完成职位任务的每个关键点等内容。而胜任力模型是依据企业中某一职位的职责要求提出的，是对完成本职责而需要的能力支持要素的集中表示。它具体指明了从事本职位的人需要具备什么能力，才能较好地完成该职位职责的要求，强调的是职位胜任素质。

3. 职位说明书和胜任力模型达到的预期效果不同

职位说明书能够在企业战略和部门职责都清晰的条件下一次性梳理好，也就是说，好的职位说明书能达到预期的管理效果。但是，胜任力模型一开始并不能达到全面而系统的效果，因此，胜任力模型的构建不能一开始就贪多求全，也不能试图一次性把所有职位的胜任力模型都构建完毕，更不能同时在所有部门或多个部门推广应用胜任力模型。

2.3 人力成本控制与人力资本投资

2.3.1 人力成本的构成

人力成本是员工薪酬和人事费用的总和，根据员工从进入企业到离开企业的整个过程中所发生的人力资源工作事项，可将人力成本分为取得成本、开发成本、使用成本和离职成本四个方面，具体明细如表2-4所示。

表2-4 人力成本明细

一级科目	二级科目	三级科目
人力成本	取得成本	招聘成本
		选拔成本
		录用成本
		安置成本
	开发成本	岗前培训成本
		岗位培训成本

续表

一级科目	二级科目	三级科目
人力成本	开发成本	脱产培训成本
	使用成本	维持成本
		奖励成本
		调剂成本
		劳动事故保障成本
		健康保障成本
	离职成本	离职补偿成本
		离职前低效成本
		空职成本

2.3.2 人力成本的控制

人力成本的控制包括审核人力成本预算和控制人力成本支出两大工作内容。人力成本预算是企业在一个生产经营周期内（一般为一年），人力资源全部管理活动预期成本支出的计划。编制和审核人力成本预算时必须慎之又慎，在编制审核下一年度的人力成本预算时，应先将本年度的成本预算与上一年度进行比较，分析人力成本的使用趋势；再结合公司生产经营状况和人力成本影响因素，预测下一年度公司生产经营状况，编制下一年度人力成本预算。人力成本预算编制的流程如图 2-4 所示。人力资源部在制定预算时，应考虑各项可能变化的因素，留出预备费，以备发生预算外的支出。

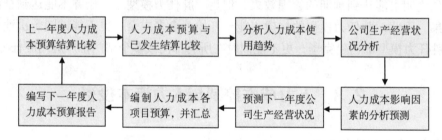

图 2-4 人力成本预算编制的流程

人力成本支出的控制要坚持及时、节约和权责利相结合三个原则的统一。及时性原则要求当实际支出与预算出现差异时，及时进行综合分析、及时做出调整。节约性要求通过有效的控制活动降低取得成本、开发成本、使用成本、离职成本支出，使成本利用价值最大化。同时，各部门在享有费用权利的同时，还要严格把控各项费用的出处及去向。

2.3.3 人力成本控制与人力资本投资的平衡

20 世纪 60 年代，美国经济学家西奥多·舒尔茨（Theodore Schultz）和加里·贝克尔（Gary Becker）等人提出了现代人力资本理论。应该说，人力资本理论开辟了对人类生产能力认识的崭新思路。该理论认为，人力资本是体现在具有劳动能力的人身上的、以劳动者的数量和质量（即知识、技能、经验、体质与健康）所形成的资本，它是通过投资形成的；而且人力资本在经济增长中的作用大于物质资本的作用，是效益最高的投资领域。也就是说，不应把人力资本的再生产仅仅视为一种简单的支出，而应视为一种投资，而且投资人力资本的经济效益远大于物质资本投资的经济效益。

从对人力成本控制和人力资本投资的含义分析上来看，似乎人力成本控制代表的是落后的管理理念和管理方法，人力资本投资代表的是先进的管理理念和管理方法。两者是否相矛盾呢？结合企业人力资源管理实际，以及人力成本控制和人力资本投资两者内在的深刻含义，我们认为不能简单地下这样的结论。

1. 从最终希望达到的目的来说，两者并不矛盾

无论是人力成本控制还是人力资本投资，最终目的都是充分发挥企业中人的因素，区别只是使用不同的方法调动企业中的人创造更多的价值。因此，人力成本控制和人力资本投资两者看似矛盾，但其本质上并没有区别，只是企业为了提高人力资源的效率采取的不同措施。

2. 从使用效果来说，两者不存在哪个更有效

人力成本控制主要是减少企业的无效成本，通过对企业不需要的职能或工作程序中重复的人员、需要但工作量不饱和的富余人员、人力成本的投入与绩效比较低的人员进行一定的控制，从而降低人力成本，提高人力资源使用效率。人力资本投资主要是指加大对员工培训与开发的力度，通过提升员工素质，达到提高工作质量从而达到提高企业人力资源效率的目的。但从提升企业人力资源效率的结果来看，在使用人力成本控制和人力资本投资之间，哪个更有效？这个问题不能简单地下结论，要视企业的实际情况做出合理的选择。

3. 从对两者的理解来说，应更深入、更有高度地理解两者的关系

对于人力成本控制和人力资本投资，应该从控制也必须投资、投资也必须控制的高度去理解。也就是说，对人力成本的控制不能简单地理解为不断地降低员工工资、不断地减少员工人数、不断地减少人力投入，而应该从提升企业管理水平、优化管理流程等方面去控制，做到科学调整用人策略，降本增效，才是控制人力成本的正确之道。同理，对人力资本投资也不能简单地理解为不断地通过培训来增加人力资本的投入，对人力资本的投资也需要建立在考察员工忠诚度的基础上，进行合理的人力成本控制，这样才能达到预期的效果。

2.4　人力资源规划实务操作流程

2.4.1　人力资源规划的程序

一般来说，人力资源规划的程序包括五个阶段：调查分析准备阶段、人力资源需求和供给预测阶段、人力资源需求和供给平衡阶段、人力资源规划制定阶段、人力资源规划实施和控制阶段。具体如图2-5所示。

微课：人力资
源规划的内容

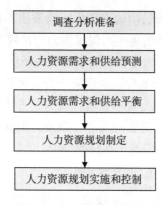

图 2-5　人力资源规划的程序

2.4.2　调查分析

本阶段的主要工作是收集和调查人力资源规划所需要的各种信息资料，为后续阶段确定的实务方法和工具做准备，以保证人力资源供给和需求预测的准确性。这些信息资料包括以下几个方面的内容。

1. 企业内部和外部环境的信息

企业内部环境的信息包括：企业发展战略、经营规划、生产技术、产品结构、组织结构、企业文化、管理风格、人力资源管理政策等，这些因素对企业的人力资源供给和需求有直接影响。同时，企业的人力资源规划还受到外部环境的制约和影响，例如，社会的政治、经济、文化、人口、教育、法律等环境，外部劳动力市场的供求状况，政府的职业培训政策，劳动力的择业期望，竞争对手的人力资源管理政策等。对企业内外部环境信息的细致、深入分析，是提高人力资源规划质量的重要环节。

2. 企业现有人力资源的信息

调查分析企业现有人力资源信息主要是对现有人力资源的数量、质量、结构和潜力等进行人才盘点。具体而言，盘点和收集的信息包括：员工的数量、受教育情况、工作经历、工作业绩记录、工作能力，组织结构和人员分布情况，年龄、性别、学历、工龄、职务情况，员工发展潜力和流动比率情况等。这一工作需要借助完善的人力资源管理系统，以便能够及时更新、修正和提供相关信息。

2.4.3　人力资源供需预测

1. 人力资源需求预测

人力资源需求预测是对企业在未来一段时期内人力资源需求的数量、质量、结构进行的预测，涉及现有人员的需求、预测期内的人力资源需求和预测期内可能的人员变动情况。对人力资源需求进行预测时，要综合考虑多种因素，如企业发展战略、经营规划，职位的工作量，企业内部人员数量、质量、结构的变化情况，生产效率的变化，产品和服务的需求等。人力资源需

工具：供需
预测表

求预测应遵循以下步骤，科学有序地进行。

（1）进行现有人力资源盘点，按照工作分析的要求确定应有的职务编制和人员配置，并统计出具体的人员需求。

（2）与各部门经理沟通，修正人员需求数据。

（3）综合（1）和（2），汇总得出现实人力资源需求数据。

（4）按照企业战略和人力资源规划要求，核定各部门在预测期内的工作总量。

（5）根据各部门预测期内工作量的增长幅度，核定出各部门要增加的岗位及人数。

（6）综合（4）和（5），得出未来增加的人力资源需求数据。

（7）根据历史经验，对未来可能发生的人员流失情况进行统计和预测，并得出预测期内需要补充的人力资源数据。

（8）将（3）、（6）和（7）的数据汇总，得出企业总体人力资源需求预测数据。

人力资源需求预测的方法有很多，为了保证预测结果的准确性，应当将多种方法结合使用，并在实际执行中对预测结果不断地进行修正。这里介绍几种常用的需求预测方法，具体如表2-5所示。

表2-5　人力资源需求预测的方法

方　法	使用说明	适用范围
经验预测法	凭借经验预测未来的人员需求	短期预测，适用于规模小或经营稳定的企业
德尔菲法	邀请某一领域的专家或有经验的管理人员通过问卷调查或面谈形式对人力资源需求进行预测，最终达成一致意见	适用于长期人力资源需求预测
趋势预测法	根据企业历史人员资料来预测未来人力资源变化趋势和需求量	多用于经营稳定的企业
回归预测法	找出人力资源需求影响因素，根据历史资料建立回归方程，由多个自变量的变化确定因变量的变化趋势，预测未来人力资源需求	适用于较成熟、规模较大的企业
劳动定员法	基于人力资源现状预测推断人力资源需求，方法主要有设备定员法、岗位定员法、比例定员法、劳动效率定员法	适用于大型企业和传统企业

2. 人力资源供给预测

人力资源供给包括内部供给和外部供给，内部供给即企业内员工的调动、晋升、降职等，外部供给即外部劳动力市场提供的人力资源。对人力资源供给进行预测时，要综合考虑多种因素，如现有人力资源数量、质量、结构的变化情况，外部劳动力市场的供给情况，企业的吸引力，人口统计学特征等。

一般而言，人力资源供给预测包括以下步骤。

（1）盘点企业现有人力资源总体供需状况。

（2）按照企业的职务调整政策和历史员工调整数据，整理出需要调整的岗位要求。

（3）与各部门经理沟通本部门需要做出的人事调整情况。

（4）将（2）和（3）的情况汇总，得出企业内部人力资源供给预测数据。

（5）分析外部人力资源供给的影响因素。

（6）得出企业外部人力资源供给预测数据。

（7）将企业内部人力资源供给预测和企业外部人力资源供给预测汇总，得出人力资源供给预测数据。

由于人力资源外部供给是通过员工招聘录用职能活动实现的，因此，员工招聘职能的内容将在下一章做具体分析，这里仅介绍几种常用的内部供给预测方法，如表2-6所示。

表2-6　人力资源内部供给预测的方法

方　法	特　点	使用说明
技能清单法	可以反映员工竞争力；可以用来确定晋升人选、职位调动、员工培训、职业生涯规划等	反映员工工作能力特征的列表，包括教育背景、工作经验、培训情况、技能、证书等内容
人员替换法	要求对人员替换信息进行及时更新；实施简单易行，预测效果主观性较强	根据企业现有人员的晋升或者调动可能性，进行人力资源内部供给预测
马尔可夫法	实际预测时很难得到人员转移率，实施精准性较差	找出过去的人事变动比例，推测未来人力资源的供给情况

2.4.4　人力资源供需平衡

人力资源规划的最终目的是实现人力资源供给与需求的平衡，对企业人力资源供给和需求预测进行比较后，往往会出现供给和需求在总量上平衡但结构上不平衡、供给大于需求、供给小于需求等供需不平衡的情况。企业要根据具体情况制定相应的政策和措施，以实现人力资源的综合平衡。表2-7列举了人力资源供需不平衡的情形以及企业实现人力资源供需平衡的方法。

走近HR：人才
梯队建设（一）

走近HR：人才
梯队建设（二）

表2-7　人力资源供需平衡的方法

供需不平衡的情形	解决方法
总量平衡，结构失衡	用晋升、调动、降职等方法重新配置现有人力资源，弥补职位空缺
	针对性培训员工以胜任空缺职位工作
	置换现有人力资源以调整人员结构
供给大于需求	扩大经营规模或开拓新的业务增长点，以增加人力资源需求
	裁员或辞退员工，以减少人力资源供给
	鼓励员工提前退休，以减少人力资源供给
	停止新员工招聘，以减少人力资源供给
	缩短工作时间，实行工作分享或降低员工工资，以减少人力资源供给
	培训富余员工，为企业未来的发展做准备

供需不平衡的情形	解决方法
供给小于需求	招聘新员工，以增加人力资源供给
	提高员工工作效率，以增加人力资源供给
	增加工作时间，以增加人力资源供给
供给小于需求	减少员工流失，提高内部职位流动率，以增加人力资源供给
	外包部分业务，以减少人力资源需求

2.4.5 人力资源规划制定

人力资源规划是做好人力资源管理工作的前提和基础，直接影响企业整体人力资源管理的效率，也是最能体现人力资源管理部门价值的一项关键性工作。人力资源规划必须从战略性人力资源规划、人力资源政策制度、人力资源具体计划和相应的人事政策三个层次进行界定。只有做到层次分明，逐一分别落实，才能制定科学合理、具有可操作性的人力资源规划。需要说明的是，这里探讨的人力资源规划，是将广义的人力资源规划和狭义的人力资源规划融合在一起来探讨的。制定人力资源规划的步骤如图 2-6 所示。

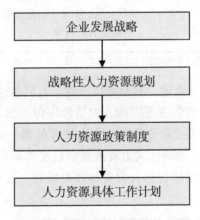

图 2-6 制定人力资源规划的步骤

1. 制定符合企业战略的战略性人力资源规划

企业战略是企业发展的总方针，企业的所有"人、财、物"都必须保证企业战略的顺利实现。美国管理学家迈克尔·波特（Michael Porter）将企业竞争战略分为成本领先战略、差异化战略和集中化战略。美国管理学家加里·阿姆斯特朗（Gary Armstrong）进一步结合了波特的竞争战略研究，将竞争战略分为创新、质量、成本领先和雇用比竞争对手更优秀的人才四种，并将人力资源战略分为资源化、人力资源开发和薪酬三个子战略，进一步阐述了人力资源战略如何更好地匹配竞争战略，推进竞争战略的实施，获取竞争优势。具体内容如表 2-8 所示。

表 2-8　人力资源战略与企业竞争战略的匹配

企业竞争战略	人力资源战略		
	资源化	人力资源开发	薪酬
通过创新获取竞争优势	招聘和保留具有创新技能和良好创新纪录的高素质人才	开发战略能力和提供为提升创新技能和组织智力资本所需要的激励与设施	提供物质激励，奖励并认可成功的创新成果
通过质量获取竞争优势	使用严格的甄选程序来招募能够提供高质量客户服务的人员	鼓励发展学习型组织，开发和实施知识管理过程，提供专业培训来支持全面质量和客户反馈	将薪酬与人员的高绩效和高水平的客户服务联系在一起
通过成本获取竞争优势	开发核心/边缘雇员结构；招聘能够增加价值的人员；如果不可避免，则应人性化地计划和管理裁员	提供改善生存率的相关培训；举办与企业需求紧密联系和能够有效增强培训效果的即时培训	检查所有的奖励措施以保证奖励物有所值，从而避免不必要的支出
通过雇用比竞争对手更优秀的人才获取竞争优势	严格地分析组织所需要的特殊能力，从而建立严密的招聘和甄选程序	开发组织学习过程；鼓励通过个人发展计划以及绩效反馈进行自我学习	开发绩效管理过程，将物质激励和非物质奖励与胜任力和技能相联系；保证薪酬水平的竞争力

（资料来源：赵曙明．人力资源战略与规划 [M].5 版．北京：中国人民大学出版社，2021：92-93.）

人力资源规划的制定科学合理、具有可操作性，首要条件就是必须为企业战略服务，为企业战略和人力资源战略提供强有力的人力资源保障。也就是说，战略性人力资源规划是落实企业战略的工具，是"企业战略—人力资源战略—人力资源规划—人力资源保障"的关键一环。一般来说，战略性人力资源规划制定的周期是与企业发展规划同步的，如五年规划、十年规划等，具体包括人力资源数量规划、人力资源素质规划和人力资源结构规划三方面的内容。

2. 制定符合企业发展方向的人力资源政策和制度

人力资源政策和制度一般包括：组织框架、部门职责、职位说明书、招聘与录用制度、培训与开发制度、绩效管理制度、薪酬管理制度、劳动关系管理制度、晋升制度及企业文化制度等。这些政策和制度是人力资源规划的基础性工作，体现的是人力资源规划的规范化及具体操作的标准，解决的是制度制定和执行问题，是对战略性人力资源规划的进一步分解和落实。

3. 制订符合企业实际的人力资源具体工作计划

人力资源具体工作计划是保证战略性人力资源规划和人力资源政策制度落地的执行工作。人力资源具体工作计划一般包括人员招聘计划、培训计划、人力资源费用计划、薪酬调整计划、绩效改善计划、员工发展计划。从这个角度来说，人力资源具体工作计划的表现形式通常是人力资源部门的年度、季度、月度工作重点，是完成这些工作重点所采取的具体保证措施。因此，

工具：人力资源规划示例

人力资源具体工作计划的时间周期通常是年度、季度和月度等。

2.4.6　人力资源规划实施和控制

1. 人力资源规划实施

人力资源规划实施指的是人力资源规划制定之后到人力资源规划完成之间的过程，是人力资源规划执行过程中最重要的一个环节。人力资源规划的实施要点包括以下几个方面。

（1）分解人力资源规划方案。规划方案的分解可以从空间分解、时间分解、过程分解和类别分解等四个方面展开，目的是使每个相关的部门和员工都能明确自己在规划实施中的地位、任务和责任。

①空间分解：层层分解人力资源规划的方案，将方案最后落实到具体的部门和员工。例如，一个大型集团公司的人力资源规划可以分解到各个事业部、分公司、分厂，再分解到具体的车间、班组、岗位和工人。通过空间分解，人力资源规划在实施过程中形成两个体系：一是层次明确的目标体系，二是职责清晰的责任体系。

②时间分解：按目标年限将人力资源规划分解成各个阶段，形成具体的短期目标和任务。在进行时间分解时，须注意每个阶段的时间段要相互连接，各个阶段的目标之和不超过规划的总体目标。

③过程分解：把人力资源规划的方案按企业在规划期内的发展过程分解为若干个环节，规定每个环节的目标、任务和完成时间。

④类别分解：人力资源规划按照内容可以分为人员补充计划、人员配置计划、人员接替和晋升计划、人员培训与开发计划、工资激励计划、退休解聘计划等业务规划。类别分解是指把人力资源规划的方案按照不同的业务规划进行分解，规定每项业务规划的目标任务、政策和完成时间。

（2）建立人力资源规划实施计划体系。实施计划体系一般由中间计划、行动计划、预算和程序四方面构成。中间计划是指上接人力资源规划，下连行动计划的中、短期计划。行动计划是对中间计划的细化，是指完成一项活动的具体安排。预算作为一种计划，是指以货币形式陈述的特殊计划。程序则是指中间计划、行动计划、预算实施的步骤和流程。

（3）优化配置人力资源规划实施的各项资源。这些资源不仅包括人、财、物，还包括信息、管理、技术、制度等，其中以人力资源最为关键。企业在优化配置人力资源的过程中，要充分重视人力资源的开发机制和分配机制，建立科学的领导体制和管理制度，促进人力资源与企业各种生产要素有机匹配，形成最佳效益，实现企业的持续发展。

2. 人力资源规划控制

人力资源规划在实施过程中，可能存在规划与现实有偏差的情形。为了保证人力资源规划能够正确实施，需要对人力资源规划的实施进行控制和评估，以发现问题所在、纠正偏差、提高规划的有效性。人力资源规划的控制一般包括三个步骤。

（1）根据人力资源战略目标制定人力资源规划的效益标准。常用的企业人力资源规划衡量标准有：求职率、员工流失率、员工结构比率、劳动力市场人员供给、招聘成本、企业招聘美誉度、员工素质、劳动生产率等。

（2）将实际的人力资源规划效益与计划的规划收益进行比较，定量、定性分析两者差异和差异形成的原因。

（3）针对企业外部人力资源条件和内部人力资源需求，采取修正措施和补救措施。

2.5 人力资源规划实务操作训练

2.5.1 实训项目：企业人才盘点

1. 实训目的

通过实训，学生能够掌握人才盘点的流程、方法和工具，并能根据企业实际开展人才盘点工作。

微课：人力资源
规划注意事项

2. 实训类型

案例分析、综合性实训。

3. 实训环境

电脑、投影仪、麦克风、人力资源管理仿真实验室。

4. 实训背景资料

YM 公司成立于 2001 年，是一家集设计、生产、销售于一体的家装五金生产制造商。YM 公司凭借敏锐的市场机会把握能力、多品种小批量生产模式下的品控能力以及满足客户需求的技术服务和及时响应能力，实现了快速发展，且利润水平出色，成为行业知名企业。

由于国内家装五金行业技术壁垒不高，近年来市场低价竞争日趋激烈，众多中小家装五金企业快速崛起，因此，公司遇到了前所未有的挑战。与此同时，消费者对家装五金的个性化需求越来越旺盛，智能家装产品如智能门锁、智能衣架、智能感应水龙头等前景广阔。公司高层决定进行战略调整和转型，从原来的传统家装五金企业朝智能家居解决方案提供商方向转变，并期望通过转型变革，让销售规模在未来五年突破 30 亿元。

战略转型对于公司来说是个正确的选择，但在战略转型进一步落地执行之前，还需要澄清战略转型需要具备哪些能力，以及内部是否具备这样的能力。YM 公司战略转型突破的三大引擎分别是：市场布局、开拓应用场景和设计创新。三大引擎都需要强大的组织能力来支撑，公司需要重点关注四大能力：新市场的开拓能力，新产品设计能力和项目管理能力，内部质量与成本控制能力、供应链管理能力，匹配未来扩张的高管领导力。通过系统的人才盘点，发现目前公司的人才数量、人才质量与未来战略转型的需要存在如下不匹配情况。

（1）组织架构的 16 个部门中，后台部门如人力资源部、财务部、行政部、法务部、审计部、总经办等部门占到 9 个，且后台人员占比较大，存在大量的冗员。

（2）销售模式更多地体现为"坐商"模式，重存量维护，轻增量开拓，拓荒意识缺乏，市场开发人员严重不足，无法支撑新增市场和大客户的布局与开拓。

（3）设计人员配备相当不足，设计人员占总人数的 10.5%，与竞争对手 27% 的比例相差甚远，不利于未来持续性的研发创新；智能家居设计的关键岗位人才几乎没有，在组织架构中也未体现这一职能。

（4）多品种小批量的生产方式使供应链管理难度增加，但目前供应链管理的最高责任人为主管级，且价值观维度还不满足公司的要求，属于"4"类人员；批量化精益生产、成本控制和工艺技术等人才也比较少。

（5）销售、设计、生产管理等关键岗位的"1"类和"2+"类人员占比不足 5%，火车头动力明显不足。

（6）在素质能力方面，整个公司的管理者队伍在人才培养和团队管理两项上的平均得分不到 3 分（满分 7 分），领导力意识和能力都不强，公司人才梯队建设严重落后。

（资料来源：李祖滨，汤鹏，李锐.人才盘点：盘出人效和利润 [M].北京：机械工业出版社，2020：31-33.）

5. 实训任务

根据背景资料，请你从组织架构、关键职能与关键岗位设置、人才结构优化、人才引进、内部培训培养和人才激励等方面提出解决方案，以实现公司人力资源战略与企业战略的匹配。

6. 实训步骤

（1）课前准备与任务布置：①划分任务小组，组成 YM 公司的人力资源部，一般每组 5～7 人。②每组推选一位成员担任组长，即人力资源部经理；小组成员角色扮演和任务分配可自行决定。③指导教师向各组提供实训资料和阅读书目，学生提前熟悉实训任务。

（2）课中讨论与评价：①教师讲解人才盘点的重点和难点。②各小组根据实训资料进行讨论，教师给予必要的指导。③各小组派 1 名代表进行分享演讲，教师和其他小组就相关问题提问。④教师进行点评总结，各小组开展自评、互评。

（3）课后总结与提升：各小组撰写实训报告，并完成拓展阅读。

2.5.2 实训项目：编制人力资源规划

1. 实训目的

通过实训，学生能够掌握人力资源规划的内容、流程，熟练运用人力资源供给和需求预测的方法，掌握人力资源供需平衡的措施，并能根据企业实际编制人力资源规划。

2. 实训类型

电脑操作与演示、综合性实训。

3.实训环境

电脑、投影仪、麦克风、人力资源管理仿真实验室。

4.实训背景资料

（1）GY机场公司人力资源概况

GY机场公司是省会机场GY机场的运营保障主体和安全责任主体，经营范围主要为GY机场运营和各项民用航空运输地面服务保障，配套商业资源管理开发，参与发展临空经济及投资融资等。公司下设人事行政部、经营管理部、财务管理部、党群工作部、质量安全部、纪委办公室（监察办）6个职能部门；设置安全检查站、飞行区管理部、航站区管理部、运行指挥中心、消防医救护卫部、能源保障部、飞机地勤分公司、公共区管理部、地面服务公司等9个业务保障部门。

GY机场公司共有员工1973人，其中，中层以上管理人员42人，占总员工人数的2%；基层管理人员102人，占总员工人数的5%；专业技术人员23人，占总员工人数的1%，其余为一般员工。公司目前管理人员梯队年龄断档现象严重，未来3年、5年，46岁以上的管理人员断档比例将提高到47.9%、51.79%。机场员工中获得专业技术职称的员工所占比重为6%，其中获得高级职称的人数仅为3人；公司现有合同制员工中，获得职业技能等级认证的员工所占比重为35%，其中获得技师及以上等级的人数仅为15人。

"十三五"期间，GY机场公司人力效能情况为：营业收入年平均增幅为8%，成本费用年平均增幅却为10%，人工成本一直占总成本的40%左右；人均创收水平年平均增幅只有2%，人工成本投入产出率年均增幅是-6%，人均保障能力水平年均增幅是4.6%，低于行业平均水平。

（2）GY机场公司人力资源管理存在的问题

GY机场公司成立之初，人力资源管理的主要任务是人事管理，现在重心逐渐转向人力资源管理，但是目前人力资源规划与企业战略目标的中长期规划没有有机结合，偏向单一的工资总额利用情况和人力成本核算情况来预测下一年度的人员需求量，下一年度的招聘、培训和绩效计划也是据此制订的。

一是缺乏科学合理的人力资源规划，GY机场公司人员需求补充方式主要为各部门每年报需求，公司没有独立的人力资源测算与规划，企业战略经营目标不能与实际人员规划相结合。

二是结构性人才短缺与人才浪费现象并存，表现为核心人才不足和人才流失现象严重。目前作为中坚力量的管理人员年龄偏大，适应企业发展要求的管理者储备数量不足，且各方面能力素质均有待提高，人才断档矛盾凸显；公司人员知识结构与企业发展要求脱节，高层次、复合型经营管理人才缺口较大；专业职能管理人才、专业技术人才数量与机场发展需求不协调，特别是符合机场运营所需的民航专业技术人才稀缺，航务管理、现场指挥、机务保障等民航特色鲜明的专业性的技术人才也相对匮乏。大量应届毕业生进入公司后高学历低配置，长期从事一线岗位工作，职业发展路径不清晰、遴选机制缺失，造成人才流失严重。

三是人才队伍建设力度不够。GY 机场公司平均薪资水平在本地市场有一定的竞争力，但对于复合型高层次人才和关键岗位专业人才吸引力欠缺，单一的薪酬激励政策不足以支持战略型人才、民航紧缺人才的引进、发展和保留。缺乏人才选拔机制，人才错配现象比较突出，激励奖励机制单一、人才路径不清晰，客观上造成潜在人力资源浪费。人才培养力度不足，在人才培养方面缺乏系统化、标准化、定制化体系，难以解决结构性人才短缺的客观实际。

（资料来源：王穑 .GY 机场公司"十四五"人力资源规划研究 [D]. 贵阳：贵州大学，2021：11-26.）

5. 实训任务

根据背景资料，请你预测 GY 机场公司"十四五"期间的人力资源供给与需求，编制公司的人力资源规划。

6. 实训步骤

（1）课前准备与任务布置：①划分任务小组，组成 GY 机场公司的人力资源部，一般每组 5 ～ 7 人。②每组推选一位成员担任组长，即人力资源部经理；小组成员任务分配可自行决定。③指导教师向各组提供实训资料和阅读书目，学生提前熟悉实训任务。

（2）课中方案设计与评价：①教师讲解人力资源规划的重点和难点。②各小组根据实训资料设计方案，教师给予必要的指导。③各小组派 1 名代表进行分享演讲，教师和其他小组就相关问题提问。④教师进行点评总结，各小组开展自评、互评。

（3）课后总结与提升：各小组撰写实训报告，并完成拓展阅读。

📋 知识与能力训练

测验题　　　　　讨论题

CHAPTER 3
第三章　招聘与录用

夫聪察强毅之谓才，正直中和之谓德。才者，德之资也；德者，才之帅也。

——北宋司马光《资治通鉴·周纪》

学习目标

- 理解不同招聘渠道的适用性
- 掌握校园招聘的实施流程和方法
- 熟练使用人员招聘的方法和工具
- 掌握招聘与录用的程序和实务操作
- 能够根据企业实际开展员工招聘与录用工作

引导案例

腾讯公司的招聘之道

腾讯公司人力资源管理的核心政策是以人为本，公司还制定了"精兵强将"的人才战略。腾讯公司首席执行官马化腾说过，"对于腾讯而言，业务和资金都不是最重要的，业务可以拓展和更换，资金可以吸收和调配，唯有人才是不可轻易替代的，是我们最宝贵的财富"。腾讯公司之所以能源源不断地找到优秀的人才，人力资源部门功不可没。

1. 不同形式的招聘渠道

腾讯公司的人才来源广，既有来自企业外部的，也有来自企业内部的。外部招聘主要有校园招聘、内部推荐、社会招聘、猎头推荐等渠道。内部招聘有晋升、调动等渠道，腾讯公司在内部人才市场推行的"人才活水"计划扩大了员工的职业发展空间，也为公司培养了更多有开阔视野和复合经验的人才。

2. 重视内部培养人才的获取

腾讯公司基于内部培养的人才获取采取的措施有三点。第一，腾讯公司偏爱校园招聘，校园招聘一直是企业获取人才的重要渠道。腾讯公司的校园招聘目标明确，即"寻找有梦想、爱学习的实力派"，相比学习成绩等硬性指标，更看重应聘者的内驱力。第二，腾讯公司在对面试官的委任上，有严格的要求，需要进行严格的考试，参加人力资源部门的培训，在内部 BBS 交流平台做案例分析、心得交流，成绩优秀者才有资格成为面试官。第三，通过打造雇主品牌做最佳体验的应届毕业生招聘，"让世界看到你的影响力"校园招聘主题是腾讯公司不断传播给毕业生的人才理念和品牌认同。

3. 关键岗位员工采用外部引进策略

第一，腾讯公司主张大力培养技术研发人才，对于来不及培养的关键岗位员工则从同行业招聘。第二，腾讯公司在公司内部设立伯乐奖，塑造伯乐文化，鼓励内部员工推荐人才，同时配备较为丰富的激励政策。这种做法为公司吸引了不少来自微软、谷歌等跨国公司的优秀专业技术人才。第三，选用跨界化、国际化和特长化的人才以支持业务发展，公司会从金融行业、互联网行业或科技企业引入优秀的高端人才，特别是对于有特殊能力和特殊技能的人才，只要符合公司发展需要，都会不拘一格选用人才。

4. 严格的招聘流程

第一，腾讯公司在"精兵项目"中提出"严需求"的观点，人力资源部门要协助有招聘需求的业务部门做好人才需求调研，确保空缺岗位的工作饱和度合理后，再启动招聘流程，进行人才招聘。第二，为了保证招聘到的人才符合公司实际需求，腾讯公司采用"精甄选"的人才招聘思路，表现为：一是对招聘到的人才"精益求精"，通过基于能力素质评价的招聘，确保新员工的能力和水平符合公司发展要求；二是要求招聘部门的第一负责人参与招聘。第三，腾讯公司的校园招聘关注学生的发展潜能和学习能力，外部招聘注重员工的经验和技能，应聘者必须具备良好的团队意识和人际沟通能力。

（资料来源：崔颖 . 人力资源管理操作实务 [M]. 北京：电子工业出版社，2021：114-115.）

3.1 人员招聘的渠道

3.1.1 招聘渠道的选择

按照人才来源的不同，招聘方法可以分为内部选拔和外部招聘两种。通常，当用人部门有人才需求时，首先考虑的是内部调动或提升，即"先内后外"的原则，尤其是对中高层管理人才的招聘，应优先考虑内部选拔。内部选拔费用低、有利于鼓舞员工士气，是对高绩效员工的激励。目前，很多企业非常重视内部选拔，采取"内部培养为主，外部招聘为辅"的招聘策略。比如，世界 500 强企业之一的宝洁公司所有的高级员工都是从内部选拔的，员工提升的唯一标准是员工的能力和贡献，很少从外部招聘"空降兵"。

外部招聘有利于补充新鲜血液，为企业带来更多的创新思维，企业的基层员工普遍采取外部招聘方法。当企业有大量的用人需求而内部选拔无法满足时，往往会考虑外部招聘；或者当企业需要引入新的风格、新的竞争时，企业高层人员也可以从外部引进，比如 IBM、HP 等公司的 CEO 大多采用外部"空降"方式招聘。总体来说，内部选拔和外部招聘各有利弊，企业应根据自身的发展战略、职位特点和在人才竞争中的相对地位等综合进行选择。

内部选拔和外部招聘的渠道多种多样。一般来说，招聘渠道主要有：网络招聘、校园招聘、社会招聘、微信招聘、微博招聘、猎头招聘、人才市场招聘、劳务派遣与代理招聘、内部选拔、专业论坛、社交网站、熟人介绍、直播带岗等。不同的招聘渠道有不同的招聘形式、优缺点和适用性，这里介绍几种常用的招聘渠道，具体如表 3-1 所示。企业应根据自身需要和职位特点进行权衡选择。

表 3-1 不同招聘渠道的比较

招聘渠道	招聘形式	优　点	缺　点	适用范围
网络招聘	人才招聘网，招聘自媒体，公司官网、公众号、微博	覆盖面广、成本低、针对性强、方便快捷	投简历者随意性较大，无效简历较多，应用范围较窄	各类人才均适用
校园招聘	联合培养、学生实习、校园宣讲会、校园招聘会	能宣传企业、学生可塑性强、招聘成本适中	学生普遍缺乏社会经验，应届毕业生稳定性较差	储备人才，一线岗位管培生
社会招聘	参加各类招聘会	招聘成本较低、针对性强、选择余地大	求职人员的选择余地大，有一定的区域局限性	中、基层岗位
猎头招聘	与猎头公司合作，由猎头顾问推荐人才	针对性强、吻合度高，能迅速找到所需的人才	招聘费用高，外来高端人才不容易落地	中高端岗位、特殊岗位
内部选拔	轮岗、调岗、晋升、返聘	促进内部人才流动，激励性强、适应性强	补充人员可能经验不足需提前培训，岗位调整后的工作交接问题	各类岗位或人才均适用

续表

招聘渠道	招聘形式	优 点	缺 点	适用范围
熟人介绍	内部员工介绍	成本低、稳定性较高	可能出现任人唯亲现象，选拔范围较小	各类岗位或人才均适用
派遣招聘	由劳务公司做劳务派遣或委托招聘	成本低、便于管理、降低用工风险、减少劳动争议	人员流动性大，劳务派遣员工不容易融入企业	适用于一线操作人员

招聘渠道本身没有好坏之分，需要根据不同的地域、企业、职位以及人才类别、年龄等进行合理选择。招聘渠道的选择需解决以下两个问题。

1. 解决招聘渠道与企业的匹配度问题

关于招聘渠道的选择，需要解决的一个问题是了解自己企业的类型、特点以及企业对招聘管理的要求，根据企业的类型、特点和要求，选择适合企业的招聘渠道。例如，对于一家传统制造型企业来说，比较合适的招聘渠道是人力资源市场、人力资源服务公司（劳务派遣公司）；对于一家高科技互联网企业来说，比较合适的招聘渠道是网络招聘（微信招聘、专业网站招聘）；

走近 HR：竞聘上岗

对于限定招聘成本的企业来说，比较合适的招聘渠道是招聘网站、本地各类人才招聘会（本地高校招聘会）；对于招聘成本宽裕的企业来说，比较合适的招聘渠道是猎头公司、人力资源服务公司、全国各地人才招聘会，甚至可以直接到国外进行有针对性的一对一招聘。

2. 解决招聘渠道与招聘岗位的匹配度问题

选择招聘渠道还应做到"对症下药"，即选择最适合招聘岗位特点的招聘渠道。例如，要招聘后备干部，招聘渠道可以是高校招聘会；如果要招聘核心员工，则可由管理经验丰富、有良好业内人脉的团队负责人推荐；如果需要大量一线操作工，则可借助劳务公司；如果招聘岗位并不急着落实，那么通过网络渠道会更实际有效；如果需要大量的专业人才（员工），就可选择对口的专业院校。

3.1.2 展会招聘的实施

由于人才市场举办的招聘会往往参展企业和应聘者较多，因此必须做好各项准备工作。参加招聘会的主要步骤如下。

1. 展会前的准备工作

（1）与招聘会的主办单位沟通，联系场地，预订展位。整理招聘岗位相关信息，发送电子版至招聘会主办方，以便提前在招聘现场 LED 屏或展示厅等进行发布。

（2）提前布置场地和展位，场地和展位的布置应最大限度地吸引求职者目光。制作招聘会的宣传资料，包括展位海报、室内广告、易拉宝、宣传册、宣传简章等。

（3）确定招聘工作人员，明确现场的招聘流程及人员工作任务分工，沟通面谈说话技巧、突发状况处理等内容。招聘人员在参会时要求穿正装，仪容仪表整洁大方。

2. 参加招聘会和会后的工作

（1）有些招聘会会现场让应聘者填写求职申请表，给初试求职者直接发放面试通知单，让候选人凭通知到公司参加面试。

（2）如果在招聘会上没有进行应聘者初试工作，仅收集了简历和求职申请表，那么招聘会结束后，人力资源部一定要用最快的速度整理、筛选简历和申请表，尽量在一周时间内通知应聘者面试。

3.1.3 校园招聘的实施

校园招聘是企业外部招聘的常用渠道，越来越多的企业采用校园宣讲会、校园招聘会、实习招募、拓展夏令营、发展俱乐部、管理培训生等方法吸引优秀人才。实施校园招聘的流程如图 3-1 所示。

走近 HR：
雇主品牌

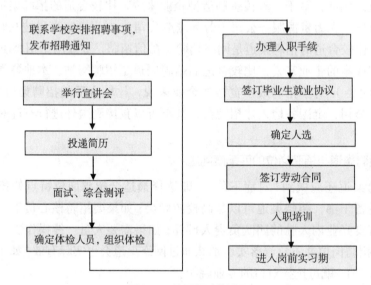

图 3-1　校园招聘的流程

鉴于应届毕业生大部分时间都在学校学习的特点，企业在对应聘者进行面试和综合考评时，应重点关注学生在学校的学习成绩、社会实践经历和在校期间的校园活动。同时，企业在进行校园招聘时，还应注意以下事项。

1. 及时了解大学生在实习和就业方面的政策和规定

比如，企业在接受学生实习前，需要与其签订"实习协议"。在安排其实习时，必须先培训、后上岗，保证岗前的安全和操作教育；及时为学生购买商业保险；不应让学生承担能力要求较高的复杂工作；不应让学生承担危险性较高的工作。对未取得毕业证书但有录用意向的求职者，可以签订"就业协议书"，正常情况下须等到学生毕业后才能签订劳动合同。

2. 关注学生求职中的诚信品德，避免不诚信现象

比如，有些求职者为了争取面试机会，编造简历中的学习成绩、获奖情况和实习经历，这就需要人力资源部在面试时审核学生成绩单和各类获奖证明材料，必要时需进行背景调查。也有部分求职者同时与几家单位签署意向书，或者存在兼职情形，或者边进行考研复习边找工作，边准备出国边找工作，这些现象在面试过程中一定要多询问并加以重视。

3. 准备充分，多关注学生的需求

学生往往对就业单位、对工作有不切实际的估计，对自身能力又缺乏准确的评价，容易出现"眼高手低"的现象，也容易出现入职一两个月又离职的不稳定现象。因此，企业招聘人员在和求职者交流的过程中应注意对学生的职业引导，也要提前做好培训，对学生感兴趣的问题提前做好准备。比如，有些企业在校园招聘时会给学生发放企业宣传册，将学生感兴趣的问题和回答印在上面，或者在公司招聘微信公众号上回答学生提出的问题，这些都是值得借鉴的做法。

3.2 人员招聘的方法

3.2.1 筛选简历或申请表

1. 筛选简历

简历是由求职者提供的个人介绍资料，一般筛选一份简历的时间在 10 秒至 3 分钟不等。人力资源部在筛选简历时，重点关注的信息和注意事项主要有以下几项。

（1）关注整体印象。此部分关注点包括：书写格式是否规范、有无错别字、排版是否美观、求职照片是否正式、简历结构是否合理等。

（2）重点审查简历的客观内容。客观内容主要包括：个人信息、教育背景、工作经历、个人成绩等，具体如表 3-2 所示。

表 3-2 简历的客观内容和筛选要求

客观内容	具体内容和筛选要求
个人信息	1. 个人信息包括：姓名、性别、出生年月、住址、邮箱、联系方式等 2. 筛选要求 （1）职位硬性指标要求较严格时，如不符合职位要求则迅速筛选掉 （2）职位硬性指标要求不严时，结合职位要求视情况放宽条件
教育背景	1. 教育背景包括：教育经历、培训经历等 2. 筛选要求 （1）教育经历要查看专业、学历、学习成绩，要特别注意是否使用模糊的字眼或隐藏教育起止时间和类别，如普通高等教育、自考、网络教育、成人教育，学制是四年还是三年等 （2）培训经历应重点关注专业培训和职业资格证书培训，以及培训内容与招聘岗位是否相关等

续表

客观内容	具体内容和筛选要求
工作经历	1. 工作经历包括：工作时间、工作单位、工作职位、工作内容等 2. 筛选要求 （1）查看每段工作经历的时间长短、各工作时间的衔接情况，是否存在频繁跳槽或频繁转岗的情况 （2）查看原岗位是否与招聘岗位对口或有相关性，原岗位工作内容是否与招聘岗位相关，原就职单位的规模、经营业务与本公司的相关性 （3）查看工作经历是否有条理性和逻辑性，是否有"高岗低就""高薪低就"的情况
个人成绩	1. 个人成绩包括：在学校和工作单位所获得的各类奖励、兴趣特长等 2. 筛选要求 查看奖励是否符合招聘岗位要求，兴趣特长是否有助于企业文化活动开展

2. 筛选申请表

应聘申请表是企业提供给应聘者并要求填写的个人资料，是为了规避应聘者在简历中有遗漏或者表述不清的信息。应聘者在申请表中填写的内容往往是企业所期望获得的求职信息，应聘人员申请表模板如表 3-3 所示。人力资源部在筛选申请表时要注意与个人简历的匹配度，如发现有不一致的信息，应该在面试中做进一步询问和考证。

表 3-3 应聘人员申请表

填表时间：　年　月　日

应聘岗位		姓名		性别		照　片
出生年月		民族		籍贯		
政治面貌		健康状况		身高		
现住址						
联系电话			电子邮件			
紧急联络人		与本人的关系			电话	
兴趣特长						

工作经历					
起止时间	工作单位	工作岗位	工作内容	证明人	联系电话

学习经历				
起止时间	学校及专业	学历	证明人	联系电话

培训经历			
起止时间	培训地点	培训内容	资格证书

家庭成员及主要社会关系				
姓名	与本人的关系	工作单位	职务	联系电话

其他技能			
汽车驾驶	□A 照	□B 照	□C 照　□无

续表

计算机技能	是否会使用 Office 办公软件：	□是		□否	
	熟练程度：	□差	□一般	□熟练	□精通
外语能力	外语语种：_____				

应聘者承诺：

　　本人所填申请表内容及向公司提供的所有应聘资料全部真实有效，如本人被公司录用后，被发现存在任何虚假内容或资料，本人愿自动辞职或接受公司辞退的处罚，且不要求任何经济补偿。

应聘者签字：

年　月　日

　　需要注意的是，人力资源部无论是在筛选简历还是在筛选应聘申请表时，应尽可能让更多的候选人进入后续的面试环节，这样可以更全面地考核应聘者。同时，在面对数量庞大的应聘者简历时，目前很多企业的人力资源部或者招聘网站对简历的初步筛选已通过简历系统"关键词"筛选，只有符合"关键词"的应聘者简历才能进入下一轮的人工筛选。

3.2.2　面试

　　面试是企业最常用，也是必不可少的一种员工招聘方法。通过面试，用人单位可以全面了解应聘者的表达能力、反应能力、逻辑能力、工作经验、业务能力等综合素养和职业能力，判断应聘者是不是企业所需的人才。同时，面试也能使应聘者了解企业和自己在企业中的职业发展前景。面试的实施程序、方法将在下一节中做具体介绍。

3.2.3　心理测试

　　一般来说，心理测试可以分为能力测试、人格测试和职业兴趣测试三大类。

1. 能力测试

　　能力测试是测定应聘者是否具有从事某项工作所具备的潜力的心理测试。能力测试有两种功能：一是诊断功能，即判断应聘者有哪些能力、是否适合该岗位。二是预测功能，即预测应聘者能否在岗位上取得成功。能力测试包括一般能力测试、能力倾向测试和特殊能力测试。其中，一般能力测试和能力倾向测试较多地运用于企事业单位的人才初选。在使用特殊能力测试时，企业要根据空缺职位的类别和特殊能力要求，选择合适的测试方法。

2. 人格测试

　　人格也称为个性，大致包括态度、性格、气质、动机、价值观、能力、社会态度等。人格测试的方法主要有三种：自陈量表法、评价量表法和投射法。近年来，在人力资源管理领域运用较多的两项人格测试方法是 MBTI 测试和大五人格测试。需要注意的是，对于一些重要的工作岗位，如主要领导岗位，还需要进行人格测试，以便更好地了解应聘者的人格特质，判断其是否存在人格上的不成熟、是否胜任应聘岗位。

3. 职业兴趣测试

　　目前，职业兴趣测试运用最多、最有影响力的是霍兰德职业兴趣测试。美国职业指导专家约翰·霍兰德（John Holland）将职业兴趣分为现实型、研究型、艺术型、社会型、企业型和常规型等六种类型，霍兰德认为，职业兴趣会影响个人的职业选择和成就动机。但是，大量研究结果证明，适合性并不一定是优化的职业选择结果的良好预测指标。除了兴趣之外，其他变量如动机、价值、自我效能、企业管理等因素也会影响个体的工作满意度和工作绩效。

由于心理测试要求具有较强的规范性，实施的难度较大。因此，人力资源部在实施心理测试时应选择专业的心理测试人员，或委托专业的人才机构和心理学研究机构。在运用心理测试时，尤其要注意对应聘者的隐私加以保护，在未征得应聘者同意之前，不得公布心理测试结果。如果应聘者未通过心理测试，那么招聘人员应将测试结果报告退还给应聘者。

3.2.4 背景调查

背景调查的实施是在终试通过后，人才录用前。企业可以委托中介机构进行，如果工作量较小，则可以直接由人力资源部实施候选人的背景调查。需要指出的是，不是所有的招聘岗位都需要做背景调查的，企业中需要做背景调查的岗位主要有：具有一定技术能力或研发成果的技术、研发、工艺岗位，具有一定客户资源或曾有较好业绩的销售岗位，具有一定管理能力或绩效的中高层管理岗位。背景调查的实施要点包括以下几个方面。

1. 背景调查的准备

（1）在应聘者填写求职申请表时，要求其填写能够证明其工作经历的证明人及其联系方式。证明人要求有两名：一名是同事，另一名是人力资源部的工作人员。

（2）在做背景调查前，应提前告知候选人，征得其书面同意，具体的谈话技巧可以是，"公司为了确认候选人工作经历的真实性，避免后续为此产生不必要的纠纷，将会对入职员工做背景调查，希望您能理解"。需要注意的是，不要对尚未离职的候选人做背景调查，这会暴露候选人的离职倾向，对其造成麻烦。

2. 背景调查的内容

（1）背景调查的内容一般包括：候选人与证明人的关系，候选人的工作职责、工作内容，候选人的工作态度、表现、绩效，候选人的人品和人际关系，候选人的性格特质、做事风格，候选人的离职原因等。但是，这些内容并非全都需要做全面性的调查。

（2）在询问时要注意循序渐进，问题最好量化、具体。比如："×××原来在贵公司表现如何？"这类问题的回答通常是"还行"或"还不错"。可以换种方式问，比如："如果满分100分，您认为×××的工作表现能打多少分呢？您认为他的同事能给他打多少分呢？"

3. 背景调查的合规

从规避法律风险的角度来说，用人单位在对候选人进行背景调查时应重点关注以下内容。

（1）个人信用方面，主要考虑候选人是否存在失信情形，公开调查的途径如通过中国裁判文书网、中国执行信息公开网查询。

（2）个人能力方面，主要考虑候选人是否存在学历或工作经历造假。用人单位可以根据候选人提交的学历、学位证书，通过学信网查询学历的真实性；要求候选人提交过往工作业绩、荣誉或社保记录等材料以判断候选人工作经历的真实性，或者通过向前单位的证明人了解候选人的工作时间、岗位、绩效、离职原因等关键信息；对于相对比较重要的岗位，可委托调查机构进行候选人的背景调查。

（3）身体健康方面，主要考虑候选人的身体状况是否能够胜任岗位工作，用人单位可以在发放录用通知书前要求候选人提交近期体检报告。

（4）在前单位的工作和劳动关系情况，主要调查候选人与前单位是否解除了劳动合同、是否存在竞业限制、竞业禁止、保密协议或其他未解决的纠纷等。一般可以要求候选人提供前单位开具的离职证明、社保公积金的缴纳情况证明，此外，还可以要求候选人入职时出具承诺书，否则给公司造成的损失由其本人承担。

（5）对于未录用的候选人，应当及时删除其个人信息或做加密、去标志化等处理。

3.3　面试

3.3.1　面试的实施程序

1. 面试准备

面试准备阶段要做好以下三方面的工作。

（1）制定面试实施方案，确定面试时间、场地、面试问题、面试方法，并做好各类资料的准备。

走近 HR：
结构化面试

（2）准备面试场地，选择安静的面试场所（如办公室、会议室），并根据面试形式做好座位摆放。

（3）确定面试人员，面试官做好准备工作：一般初次面试由人力资源部统一调配人员参加，复试由人力资源部和用人部门参加。如果是面试中高层职位，则还需要总经理、分管副总经理参加。在面试前，面试官需充分了解招聘岗位的工作职责、工作内容和任职资格要求，也应提前浏览应聘者的个人简历。

2. 面试通知

面试通知应当至少提前 3 天进行，通常采取两种方法：一种是语音通知，即打电话通知应聘者；另外一种是书面通知，即通过邮件、短信、微信等方式通知应聘者。

（1）电话方式通知面试的标准用语："您好！请问您是 ××× 吗？这里是 ×× 公司人力资源部。您应聘我公司的 ××× 职位通过了公司的初次筛选，现通知您 ×× 月 ×× 日上午 / 下午 ×× 时来公司参加复试，请问您方便参加吗？"如果对方方便的话，则说"稍后我将具体的面试要求发到您的电子邮箱和手机中"。

（2）文字形式通知面试的标准用语：

您好！

感谢您应聘××公司×××职位，您已通过公司的初试，具体面试通知如下：

面试时间：××月××日（星期×）××时

面试地点：××××

携带资料：××××（个人简历、身份证、获奖证书、毕业证书等）

乘车路线：××××（多种公交路线、地铁路线、自驾路线等描述）

如有问题或者不能准时参加面试，请直接回复此邮件或电话回复：××××，联系人：×××

3. 正式面试

正式面试可以分为关系建立阶段、导入阶段、核心阶段、确认阶段和结束阶段等五个阶段。各个面试阶段的问题类型、问题示例和面试注意事项如表3-4所示。

工具：
面试评分表

表3-4　各个面试阶段的问题类型、问题示例和注意事项

面试阶段	问题类型	问题示例	注意事项
关系建立阶段	封闭式问题	"路上堵车吗" "你是看到招聘启事还是朋友推荐过来的"	从应聘者可以预料到的问题开始发问，目的是营造自然、轻松、友好的氛围
导入阶段	开放性问题	"请你介绍一下你的工作经历，好吗" "请介绍一下你的学习经历，好吗"	提一些应聘者有所准备、比较熟悉的问题，目的是缓解应聘者的紧张情绪，为下一步面试沟通做好准备
核心阶段	开放性问题	"请你讲述一下在过去的工作中由你负责管理项目的经历" "请举一个具体的实例说明你善于团队合作的工作特质"	提一些能体现应聘者岗位胜任力的问题，常用行为描述面试法，花费时间约占整个面试的80%
确认阶段	开放性问题	"刚才的实例是你帮助用人部门招聘到了优秀人才，通常来说，你在帮助用人部门寻找合适人选方面有哪些步骤" "你能否概括一下新员工培训的程序是怎么样的"	进一步对核心阶段所获得的信息进行确认
结束阶段	开放性问题	"请问你有什么其他问题需要问吗" "请问你对薪资待遇有没有具体要求"	询问应聘者是否有问题要问，整理好面试记录表

在整个面试过程中，面试官要重点考察应聘者的个性特征、教育背景、工作经验、与人相处的特征、个人抱负等方面，具体内容如表3-5所示。

表3-5　面试考察重点和主要内容

考察重点	主要内容
个性特征	考察应聘者的外貌、举止、语调等是否积极主动，待人是否随和
教育背景	考察应聘者的学校、专业、成绩、校园活动和获奖情况等
工作经验	考察应聘者的工作责任心、薪资要求、岗位升迁情况及工作变动的原因
与人相处的特征	考察应聘者的兴趣爱好、团队合作能力、沟通能力等
个人抱负	考察应聘者的职业规划、理想抱负等

3.3.2　行为描述面试

行为描述面试（behavior description interview，BDI）是一种在人才选拔中常用的面试方法。与一般的面试方法不同，行为描述面试法通过探测过去的行为来预测未来的行为，通过识别行为事实评估应聘者的隐性特征、判断应聘者的岗位胜任力，它采用的面试问题都是基于岗位胜任力的行为性问题。在运用这一方法时需要注意以下事项。

1. 实施行为描述面试应充分考虑企业现状

美国心理学家戴维·麦克利兰（David McClelland）提出了能够区分表现优秀者和普通者的胜任力模型，构建职位胜任力模型是采取行为描述面试的第一步，也是整个面试过程的基础性工作。但是，并不是所有的企业都适合于或已经开发了胜任力模型。例如，对于初创企业和处于成长阶段的企业，由于各方面管理制度往往还不够完善，各个部门的职位职责还不够明晰，此时构建一个完善的胜任力模型难度较大，企业的人力资源部也应慎重选择行为描述面试选拔人才。

2. 适合于招聘复杂职位和高层次人才

胜任力模型认为，一个人的胜任能力就像一座漂浮在海面的冰山，其中，知识和技能只是冰山一角，代表的是一个人能不能做好一件事情的基本特征。真正决定个人绩效好坏的关键是埋藏在冰山下的社会角色、自我形象、特质和动机，这些隐性特征也是衡量一个人能不能把事情做好、做长久的因素。和企业的基础岗位和人才相比，决定复杂职位和高层次人才的工作绩效好坏的关键并不是显性的知识与技能，而是工作风格、沟通技能、管理技巧、领导魅力、内驱力等关键因素。研究表明，行为描述面试适合于招聘复杂职位和高层次人才。

3. 灵活运用 STAR 工具和追问技术

在运用行为描述面试法时，面试官应把握四个关键要素，这四个关键要素又称 STAR 面试原则，即情境（situation），指应聘者经历过的特定工作情景或任务；目标（target），指应聘者在这个情景中所要达到的目标；行动（action），指应聘者为达到该目标所采取的行动；结果（result），指行动的结果，包括积极和消极的结果、生产性和非生产性的结果。行为描述面试提出的问题不仅包括成功的行为事件，还包括失败的行为事件。行为事件要结合特定的工作情景，尤其是在某种极端情景下的工作事件，能深入反映应聘者的工作风格、人格特质等。比如，考察应聘者的团队管理能力，问题可以设计为"当团队任务艰巨且时间紧迫，但团队核心成员无法通力合作时，你会怎样处理？请举一个具体的工作事例加以说明"。

3.3.3　无领导小组讨论

无领导小组讨论（leaderless group discussion，LGD）是评价中心技术常用的人才测评工具，也是目前使用较广泛的群体面试方法。无领导小组讨论属于"小组作业"测评形式，每个小组安排 6～8 个候选人，通常会给出一个讨论性的话题，要求应聘者在规定时间内通过讨论，以达到测评和选拔的目的。

无领导小组讨论最明显的特点是，在整个讨论过程中不指定领导者，所有参加讨论的应聘者都是平等的，如何开展讨论也完全由应聘者决定，考官要做的是根据每位应聘者的表现给出科学合理的评价。那么，如何才能确保无领导小组讨论的面试效果呢？应该把握好以下几个方面的实施要点。

1. 确保选题的科学性、可讨论性及可测评性

无领导小组讨论的题目一般有开放式问题、两难问题、多项选择题、操作性问题、资源争夺问题等五种形式，无论选择哪种形式的题目，都应该做到能对应聘者的表达能力、说服力、分析判断能力、团队意识、沟通能力、组织协调能力、洞察力、解决问题的能力、决策能力、倾听能力、应变能力、参与热情、成熟度、人际影响力、创新意识、感染力、综合分析能力等方面进行测评。科学性、可讨论性及可测评性选题必须是"仁者见仁，智者见智"的问题，能引发应聘者之间的争论，可以使应聘者各项能力素质在与人互动和分析、解决问题的过程中显现出来。

2. 确保考官评价标准的一致性和准确性

无领导小组讨论面试法经常出现的问题是少言寡语者评分低、能说会道者评分高、讨论中的所谓"领导者"评分高等。出现这些问题，主要原因是考官不具备专业的考评能力、评价标准太笼统、评价标准模糊、不具有可操作性。因此，必须对考官进行必要的专业能力培训，让考官掌握无领导小组讨论的测评技巧，保证考官对所有应聘者评分的一致性和准确性。同时，在考官人数的选择上，每组要有 5～7 位考官才能保证对每一位应聘者评价的客观性和一致性。

3. 确保测评考察点和观察点尽量详细且有可操作性的标准

俗话说"外行看热闹，内行看门道"，要让考官做到"内行看门道"，无领导小组讨论就要有一套能够测评应聘者综合素质的细化评价标准。应聘者的综合素质不仅包括表达能力、辩论能力、说服能力、总结能力等语言方面的能力，也包括时间管理能力、逻辑思维能力、领导能力、情绪稳定能力、人际关系处理能力、问题理解能力、团队合作能力等非语言方面的能力。结合应聘者的综合素质要求，可以列出测评过程中的考察点、观察点及标准表现清单，以确保考官测评的专业性及测评结果的一致性，具体如表 3-6 所示。

表 3-6　测评过程中的考察点、观察点及标准表现（简单示例）

考察点	观察点（言语、动作）	标准表现
影响力	"让我们……"	主动与人攀谈、其言语能得到较多认同，能推动形成一致观点
分析力	"静一静，我们应该……"	能够抓住问题核心，避开纠缠不清的事项
协调力	"我也认同 1 号观点，可是我们……"	缓解紧张气氛，委婉表达观点，能够平静地听到反对意见
倾听力	面带微笑，眼神柔和，身体自然放松	对各种意见都能认真倾听
表达力	"首先……，其次……"	能够简单扼要、有条理地表述自己的观点
说服力	"刚才你提到……"	能够列举利弊，借用他人观点、漏洞
组织力	"你们三个……，你们两个……"	能够引导讨论，控制时间，安排分工
创新力	"我们可以换种角度思考……换种方法解决"	思考问题的角度、解决方法独特

3.4　招聘与录用实务操作流程

3.4.1　招聘与录用的程序

为了保证招聘与录用工作的科学规范，提高招聘活动的效果，企业的招聘活动一般要按照以下几个步骤进行：制订招聘计划、发布招聘信息、选拔与测试、录用、评估招聘效果等。具体如图 3-2 所示。

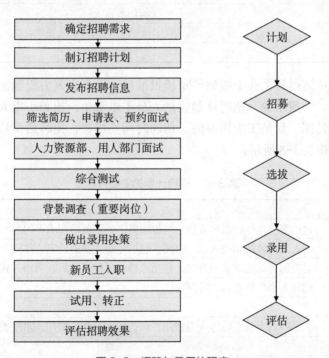

图 3-2　招聘与录用的程序

3.4.2　制订招聘计划

确定招聘需求是招聘与录用活动的起点。当企业各部门有人才招聘需求时，需要向人力资源部提出具体的用人需求，包括空缺岗位人才需求的数量，及该岗位的任职资格和胜任力要求。人员需求申请表如表 3-7 所示。

表 3-7　人员需求申请表

申请部门		申请日期		
申请岗位		需求人数		
希望到岗日期				
需求原因	□扩大编制　　□人才储备　　□填补岗位空缺　　□填补人员空缺 □临时用工　　□新增职位　　□其他			
紧急程度	□特急　　　□急　　　　□一般　　　□有合适人选再进　　　□其他			
岗位职责描述				
任职资格要求				
学历		专业		年龄
工作经验				
知识要求				
能力要求				
其他要求				
用人部门意见		部门负责人签字：		日期：
人力资源部意见		人力资源部负责人签字：		日期：
总经理意见		总经理签字：		日期：

在招聘需求申请得到企业上级领导审核批准后，接下来人力资源部和用人部门应共同制订招聘计划。一般来说，招聘计划包括人员需求清单、招聘小组人选、应聘者考核方案、招聘截止日期、新员工上岗时间、招聘时间安排表、招聘启事样表、招聘费用预算等内容。具体如表 3-8 所示。

表 3-8　招聘计划的主要内容

主要内容	说　明
人员需求清单	包括需求岗位、需求人数、岗位职责、任职资格要求等内容
招聘小组人选	由人力资源部和用人部门组成，包括小组成员的姓名、部门、工作职责等
应聘者考核方案	对应聘者选拔测试的方案，包括考核的时间、题目、考核方式等
招聘时间安排表	招聘各个环节的具体时间安排
招聘启事样表	（略）
招聘费用预算	包括招聘人员工资等人工费用，广告费用等业务费用，水电费等其他费用
招聘截止日期	（略）
新员工上岗时间	（略）

3.4.3 发布招聘信息

确定招聘方案之后，就可以对外发布招聘信息。随着信息技术的发展，传统的在纸媒上刊登招聘启事已被互联网招聘所取代，越来越多的企业采用网络招聘启事的形式。网络招聘有两种形式：一种是在企业官网或微信公众号开辟人才招聘专栏，另一种是在专业的人才招聘网站上发布招聘信息。比如，一些规模较小、知名度不高的企业很可能无法吸引求职者到企业官网上浏览招聘信息，也有部分企业还没有建立自己的企业网站，那么就可以选后一种方式。

在设计招聘启事时，通常应遵循 AIDA 原则，也就是应引起应聘者的注意、激发应聘者的兴趣、创造应聘者求职的愿望和促使应聘者采取求职的行动。一份招聘启事需包括公司简介、职位简介、薪资待遇、应聘者的准备等内容。人力资源部的工作人员在设计编写和检查招聘启事内容时应注意几个方面的事项，如表 3-9 所示。值得注意的是，人力资源部在拟定和发布招聘启事时还要注意防范以下几个方面的法律风险。

（1）避免虚假宣传和不实承诺。为了吸引应聘者的目光，一些企业会在招聘启事中夸大工作条件和薪酬福利，但在劳动合同实际履行过程中，承诺的工作条件和待遇往往又无法落实，这会导致被录用者不满，从而引发劳动争议。

（2）确保录用条件明确具体。录用条件是企业为不同职位制订的招聘标准，应当根据职位要求逐一列出，并尽可能量化，以增强操作性和可执行性，避免使用"一切服从企业安排""具有较高的工作积极性"等模糊性语言。

（3）不得有就业歧视的禁止性内容。《就业促进法》第三条规定："劳动者依法享有平等就业和自主择业的权利。劳动者就业，不因民族、种族、性别、宗教信仰等不同而受歧视。"因此，招聘启事中应避免出现可能构成就业歧视的描述，如性别、民族、患病、残疾、年龄、户籍等。

表 3-9 招聘启事内容检查表

内 容	检查结果	
1. 有关企业基本情况的介绍是否全面	□全面	□缺少
2. 能否通过政府有关部门检查	□全面	□缺少
3. 招聘的职位名称、人数是否确定	□全面	□缺少
4. 招聘职位的职责是否叙述清楚、明了	□全面	□缺少
5. 各职位的任职资格（应聘者基本条件）是否清楚	□全面	□缺少
6. 报名方式是否多样化	□全面	□缺少
7. 报名的时间、地点是否清楚、明了	□全面	□缺少
8. 应聘者报名需带的证件、材料等情况是否交代清楚	□全面	□缺少

3.4.4 选拔与测试

选拔与测试是人员招聘工作中最关键的一个环节，该环节的实施关系到选拔出来的应聘者能否满足企业用人需求。该环节也是技术性最强的一个环节，包括审查求职简历或申请表、笔试、面试、心理测试、背景调查等诸多步骤。人员选拔和测试的方法及技巧已在前两节做了具体介绍，这里不再赘述。

3.4.5　录用

根据对应聘者一系列的选拔和测试结果，企业基本上决定了最终录用的人员。人员录用决策的成功与否对整个招聘工作有着极其重要的影响。这个环节的主要工作包括做出录用决策、通知录用者和未录用者、员工入职、试用期和转正等。

1. 做出录用决策

管理者做出录用决策是对选拔和测试过程中产生的信息进行综合评价和分析，明确应聘者的任职条件和胜任素质，根据预先设计好的录用标准对应聘者进行客观、公正的评价，最终录用符合企业和岗位要求的应聘者。做出录用决策通常采用多重淘汰式、互为补充式、结合式等方法，在实际工作中应相互结合使用，增强录用决策的科学性和准确性。

2. 通知录用者和未录用者

做出录用决策后，企业应该及时向被录用者发放"录用通知书"，录用通知应注明具体报到时间、地点以及应携带的个人资料，"录用通知书"的格式模板如表3-10所示。需要注意的是，盖企业公章的"录用通知书"具备法律效力，人力资源部须高度重视、谨慎对待，在使用模板前先由公司法务部门进行审核。"录用通知书"在法律上的性质是用人单位向被录用者发出的要约，是企业向被录用者阐述录用职位、录取条件、薪酬福利待遇、入职时间要求等并要求限期答复的文书。如果被录用者在规定期限内给予正式答复确认，则构成要约，这时被录用者是可以毁约的，而且基本不需要承担违约责任。但是在企业接到被录用者的正式确认之后，双方就已经形成了事实上的法律关系，企业不能轻易改变录用结果，否则就要承担相关法律责任。

表 3-10　录用通知书

尊敬的 ＿＿＿＿＿ 先生 / 女士：
非常感谢您应聘我公司职位，经过层层筛选，我公司决定正式录用您，真诚地欢迎您的加入！具体的报到事项安排如下： 1. 所任职位和岗位待遇 您的所任职位是 ＿＿＿＿＿＿＿ 工资待遇为 ＿＿＿＿＿＿＿＿ 2. 报到情况 报到时间：＿＿＿＿＿＿ 年 ＿＿＿ 月 ＿＿＿ 日 ＿＿＿ 时 报到部门：人力资源部 3. 报到需准备和携带的资料 （1）身份证原件及复印件　　　　　（2）学历 / 学位证书原件及复印件 （3）职称 / 资格证书原件及复印件　（4）彩色同底一英寸免冠照片 ＿＿＿ 份 （5）近期体检报告一份　　　　　　（6）与前一工作单位解除劳动关系的证明 （7）其他资料 ＿＿＿＿＿＿＿ 4. 如果您接受我公司的录用，请在收到录用通知书后 5 日内将签署后的通知书原件传真回本公司。如果您近期不能来报到，请及时与人力资源部联系并确定最终报到时间。若存在其他特殊情况，本录用通知书将自动失效。
5. 联系方式 联系人：＿＿＿＿＿＿＿＿ 联系地址：＿＿＿＿＿＿＿＿ 联系电话：＿＿＿＿＿＿＿＿ 　　　　　　　　　　　　　　　　　　　　　　　　　　　　××公司人力资源部 　　　　　　　　　　　　　　　　　　　　　　　　　××××年××月××日

　　除了通知被录用者，企业还应该向未被录用者发放"未录用通知书"，内容和措辞上须顾及应聘者的自尊心。同时，建议人力资源部将未被录用的应聘者纳入企业人才库以防不时之需。"未录用通知书"格式模板如表 3-11 所示。

表 3-11　未录用通知书

尊敬的 ＿＿＿＿＿ 先生 / 女士：
感谢您满怀诚意参加我公司的面试。非常遗憾地通知您，您此次的面试情况与岗位要求存在差异。经公司慎重考虑，决定您的面试结果：未录用。您的简历将纳入公司的人才库，当有适合您的岗位时，我们会再次与您联系。 　　非常感谢您对我公司的信任，祝您早日找到理想的工作。 　　　　　　　　　　　　　　　　　　　　　　　　　　　　××公司人力资源部 　　　　　　　　　　　　　　　　　　　　　　　　　××××年××月××日

3. 员工入职

新员工办理入职手续主要包括以下内容。

（1）填写入职审核表、入职登记表，由人力资源部为新员工建立个人档案。

（2）与新员工签订劳动合同、保密协议、承诺书等。

（3）人力资源部为新员工分配工号、安排工位、发放考勤卡等办公用品。

（4）告知新员工入职培训时间和内容安排。

（5）用人部门介绍和接待新员工。

4. 试用期和转正

试用期是指劳动合同履行的初期，如果新员工的试用期考核合格，要根据《劳动合同法》办理转正手续。一般而言，员工在试用期间届满10个工作日内可以提出转正申请，人力资源部和用人部门应在员工提出转正申请10个工作日内（最迟不能超过员工试用期的最后一日）做出考核决定。员工转正申请表模板如表3-12所示。

表3-12　员工转正申请表

填表日期：___年___月___日

申请人		所在部门		职位	
员工编号		入职日期		转正日期	
试用期工作总结					
部门意见	□按期转正　　　　　　□延期转正（建议延期至 _____） □终止试用，辞退　　　□转岗（建议岗位 _____） 　　　　　　　　　　　　　　　　　　　　　签　字：_____ 　　　　　　　　　　　　　　　　　　　　　___年___月___日				
部门负责人意见： 　　　　　　　　　　　　　　　　　　　　　签　字：_____ 　　　　　　　　　　　　　　　　　　　　　___年___月___日					
人力资源部负责人意见： 　　　　　　　　　　　　　　　　　　　　　签　字：_____ 　　　　　　　　　　　　　　　　　　　　　___年___月___日					
总经理意见： 　　　　　　　　　　　　　　　　　　　　　签　字：_____ 　　　　　　　　　　　　　　　　　　　　　___年___月___日					

企业对新员工试用期管理的注意事项具体包括以下几个方面。

（1）新员工在试用期提出辞职的，人力资源部应与其进行离职沟通，了解其辞职原因并作适当挽留。若沟通失败，则双方终止劳动关系。

（2）新员工在试用期内的工资不得低于用人单位所在地的最低工资标准、不得低于本单位相同岗位最低档工资、不得低于劳动合同约定工资的80%。

工具：
试用期考核

（3）试用期满，未按规定办理转正手续的，试用期自动延长至审批手续办理结束之日。

（4）用人单位在试用期合法解除劳动合同的法律要件：有明确的录用条件，且录用条件合理合法；录用条件告知过劳动者；有证据证明劳动者不符合录用条件；解除劳动关系通知书送达的时间在试用期内；在解除劳动关系通知书中明确说明解除理由，并交由员工签收。

（5）新员工在试用期被证明不符合录用条件，用人单位可以解除劳动关系且无须支付任何经济补偿。常见的可供企业参考的解聘条件有：采用伪造身份证、毕业证、学位证、职称证书、工作简历和个人信息等欺诈手段入职的；隐瞒与其他单位存在劳动关系或竞业限制的；隐瞒曾经发生过的违法违纪行为的；存在严重违反公司规章制度行为的；在试用期被证明不符合录用条件的。

（6）《劳动合同法》第十九条对试用期期限的规定：劳动合同期限三个月以上不满一年的，试用期不得超过一个月；劳动合同期限一年以上不满三年的，试用期不得超过二个月；三年以上固定期限和无固定期限的劳动合同，试用期不得超过六个月。同一用人单位与同一劳动者只能约定一次试用期。以完成一定工作任务为期限的劳动合同或者劳动合同期限不满三个月的，不得约定试用期。试用期包含在劳动合同期限内。劳动合同仅约定试用期的，试用期不成立，该期限为劳动合同期限。

3.4.6 评估招聘效果

招聘工作的最后一个步骤是对招聘效果进行评估，衡量招聘效果的指标有很多，如招聘质量、招聘成本、应聘比率、录用比率、招聘及时性等。表3-13是对招聘工作及时性的评估，即从发布招聘信息到新员工实际到岗的时间和人数，该指标反映了人力资源部是否能快速满足用人部门需求的能力。

工具：招聘
评估指标

表3-13 招聘及时性评估表

需求部门	需求岗位	需求人数	启动招聘时间	招聘结束时间	录用人数	已到位人员	招聘满足率	仍需招聘人数

此外，一些学者的研究成果中也对企业招聘工作提供了有益的指导，对提高企业招聘工作有效性具有较强的实践意义，如表3-14所示。

表3-14 与招聘有关的实证研究对提高招聘工作有效性的启示

与招聘有关的实证研究成果	对企业招聘工作的启示
1. 招聘来源会影响企业吸引的求职者的特征	1. 应当采用诸如内部员工推荐等能够确保求职者未来达成高绩效的招聘来源
2. 在招聘资料中提供比较具体的信息有助于对求职者产生积极的影响	2. 为求职者提供一些对于他们而言非常重要的信息，比如薪酬、工作地点及员工队伍多元化程度等

续表

与招聘有关的实证研究成果	对企业招聘工作的启示
3. 能得到大量工作机会的人会对企业招聘过程中的前期活动更为关注	3. 确保企业在初期阶段的招聘工作（如网站广告、公司宣传手册、大学校园招募等）对求职者有吸引力
4. 能够事先揭示出职位的优点和不足的现实性，职位预览有助于降低后续的员工流动率	4. 为求职者提供关于公司和职位的真实描述，而不仅仅是告知积极的方面
5. 如果企业自己提供的信息不够清晰，则求职者会自行推断关于公司和职位的信息（可能是错误的）	5. 在招聘材料中提供清晰、具体、完整的信息，从而避免求职者对公司和职位做出错误的判断
6. 招聘人员的热情程度会对求职者决定是否接受一份工作产生较大的影响	6. 挑选那些具备接触求职者所需的人际关系能力的招聘人员

（资料来源：Ann Marie Ryan, Nancy Tippins. Attracting and selecting: what psychological research tells us [J]. Human Resource Management, 2004, 43(4): 311; Ingo Weller, et al. Level and time effects of recruitment sources on early voluntary turnover [J]. Journal of Applied Psychology, 2009, 94(5): 1146-1162.）

3.5　招聘与录用实务操作训练

3.5.1　实训项目：人才吸纳与选拔

1. 实训目的

通过实训，学生能够掌握人才吸纳的理念、目标和影响因素，熟练运用无领导小组讨论面试方法，并能根据企业实际创新人才选拔工作。

微课：招聘与录用注意事项

2. 实训类型

无领导小组讨论、综合性实训。

3. 实训环境

电脑、投影仪、麦克风、人力资源管理仿真实验室。

4. 实训背景资料

当前，在新能源电动车智能化的风口下，入局造车的企业日益增多，车企对智能化、数字化等相关岗位人才的需求随之高涨，这也引发了新一轮的人才争夺大战。中国人才研究会汽车人才专业委员会理事长朱明荣提出：这一轮"抢人大战"的导火索是第二轮造车新势力的兴起，相比以往，这一轮横跨了数个产业，人才之争复杂且多向。为了获得"抢人大战"的胜利，各家车企开始比拼财力，开出高薪吸引人才，然而即便如此，整个行业依然面临着人才紧缺的问题。随着数字化、大数据、互联网技术的发展，技术人才的空缺已经不仅仅是高科技企业面临的困局，各个行业都在技术人才市场中争夺优秀且合适的员工。

（资料来源：争夺高管，车企爆发"抢人大战"！有职位月薪开到 11 万元 [EB/OL]. （2021-07-25）[2023-12-11]. http://www.ce.cn/cysc/newmain/yc/jsxw/202107/25/t20210725_36747851.shtml.）

5. 实训任务

根据背景资料，作为企业人力资源管理者，你认为该如何应对"抢人大战"，怎样才能在各个岗位上招聘到优秀且合适的员工？

6. 实训步骤

（1）课前准备与任务布置：①将学生分为若干小组，一般每组5～7人。②指导教师向各组提供实训资料和阅读书目，学生提前熟悉实训任务。

（2）课中讨论与评价：①教师讲解人才吸纳与选拔的重点和难点。②各个小组分别派1名代表组成无领导小组进行讨论，一般以6～8人为宜。③教师和其他学生组成面试官，对各位候选人进行选拔、点评。

（3）课后总结与提升：各小组撰写实训报告，并完成拓展阅读。

3.5.2　实训项目：设计招聘方案

1. 实训目的

通过实训，学生能够掌握招聘计划的内容，掌握招聘与选拔的流程、方法和工具，并能根据企业实际设计员工招聘方案。

2. 实训类型

电脑操作与演示、综合性实训。

3. 实训环境

电脑、投影仪、麦克风、人力资源管理仿真实验室。

4. 实训背景资料

SD公司是一家半导体芯片和模块设计公司，公司成立至今稳步发展，其产品覆盖多领域的智能终端，在国内多个城市设立了研发中心，产品和服务遍布全球。目前，公司研发人员占比为81%，非研发人员占比为19%。从研发人员工作地分布来看，公司在上海的员工数量占比为55%，深圳的员工数量占比为11%，北京的员工数量占比为10%，其他城市（武汉、南京、西安、成都、杭州）均有3%～6%的占比，总体布局相对零散。按当前在职员工毕业院校类型来看，毕业于985、211类院校占比为50%，C9、顶尖类院校占比为15%，另有少量员工毕业于海外院校。从研发岗位类型来看，研发人员主要涉及软件类、芯片类、硬件类、测试类、研究类、系统类等领域，其中，软件类占比为38%，芯片类占比为36%，其他几个类别占比为4%～10%不等。

SD公司研发人员的获取形式主要有社会招聘、内部选拔和校园招聘三种。结合公司招聘政策和招聘导向，社会招聘主要对标关键稀缺人才的获取，历年来从社会招聘引入人才的占比相对较低。内部选拔的目标群体，主要是企业内部的中高端研发人员。随着公司业务的快速发展，校园招聘成为研发团队快速补充新鲜血液及后备力量的主要渠道，通过校园招聘获取研发人员的数量占总获取人员数量的比例达65%。SD公司研发人员校园招聘的目标对象主要为微电子、集成电路、电子科学与技术、电子信息工程、电子信息科学与技术、通信等相关专业的应届硕士和博士毕业生。

5. 实训任务

根据背景资料，请你为 SD 公司设计研发人员的校园招聘方案。

6. 实训步骤

（1）课前准备与任务布置：①划分任务小组，组成 SD 公司的人力资源部，一般每组 5～7 人。②每组推选一位成员担任组长，即人力资源部经理，小组成员任务分配可自行决定。③指导教师向各组提供实训资料和阅读书目，学生提前熟悉实训任务。

（2）课中方案设计与评价：①教师讲解招聘与录用的重点和难点。②各小组根据实训资料进行方案设计，教师给予必要的指导。③各小组派 1 名代表进行分享演讲，教师和其他小组就相关问题提问。④教师进行点评总结，各小组开展自评、互评。

（3）课后总结与提升：各小组撰写实训报告，并完成拓展阅读。

知识与能力训练

测验题　　　　　讨论题

CHAPTER 4
第四章　培训与开发

不知人之短，不知人之长，不知人长中之短，不知人短中之长，则不可以用人，不可以教人。

——清代魏源《默觚·治篇》

学习目标

- 掌握培训制度的编写
- 掌握新员工入职培训的操作流程
- 熟悉员工职业生涯管理的流程和方法
- 掌握培训与开发的程序和实务操作
- 能够根据企业实际开展员工培训与开发工作

引导案例

华为公司的员工培训体系

作为全球领先的 ICT（信息与通信）基础设施和智能终端提供商，华为技术有限公司（以下简称华为）致力于把数字世界带入每个人、每个家庭、每个组织，构建万物互联的智能世界。《华为基本法》中强调，"人力资本增值的目标优先于财务资本增值的目标""我们将持续的人力资源开发作为实现人力资源增值目标的重要条件，实行在职培训与脱产培训相结合、自我开发与教育开发相结合的开发形式"。华为完善的员工培训体系是其持续发展的关键驱动因素。

1. 建立了分类分层、系统完善的培训体系

新员工培训系统、技术培训系统、管理培训系统、营销培训系统、专业培训系统及生产培训系统，组成了华为分类分层、系统完善的人力资源培训体系。为了实现对全球员工的学习资源共享，华为还建立了覆盖拉美、亚太、中东、北非等地区的全球性培训中心网络。国内在深圳、北京、广州、南京、昆明、杭州和重庆等地都建立了区域培训中心。2022 年，公司员工人均参训时长超 47 小时，公司的 iLearning 数字化学习平台帮助员工实现了随时随地的个性化学习。

2. 采取多样化的培训内容和培训方法

华为的培训内容涵盖的范围较广。例如，华为对新员工的培训包括企业文化、产品知识、公司制度等多方面的内容；针对在职员工则依据员工不同职业资格、级别分别制订有针对性的培训计划。为适应国际化发展战略，公司又根据各部门员工情况，推出了相应的培训课程和培训办法，例如外语培训、海内外员工轮换交流活动等。华为的培训方法包括在职培训和脱产培训，课堂教学、案例教学、多媒体培训、网络培训、导师制、内部共享平台、座谈会、老专家沟通访谈、自我学习等多种教学手段促进了员工的持续性成长和发展。

3. 重视新员工的融入管理

华为的新员工融入管理计划共 180 天，分为 8 个阶段。新员工培训以"721 法则"为指导思想，即 70% 的能力提升来自实践，20% 来自导师的帮助，10% 来自课堂的学习，强调新员工的一线岗位实践培训。全员导师制是华为新员工培训的一大特色，导师必须业绩好且认可企业文化，能给予新员工在业务、技术、思想和生活等方面为期 6 个月的全方位辅导。同时，为了激发导师的积极性和责任感，华为还制定了相应的激励政策，将是否担任过导师和职位晋升相结合。

4. 将员工培训与职业发展相结合

华为重视员工的能力建设和职业发展，将员工培训与职业生涯发展相结合，建立了一套有制度保障的任职资格管理体系。华为为员工提供了专业线和管理线的双通道职业发展路径，员工可以沿着专业或管理单路线发展，也可以沿着专业到管理再到专业的"之"字形路线成长，在相应岗位上发挥所长。华为的所有岗位均面向所有员工开放，只要符合条件，都可申请内部岗位调动、转岗。华为还通过建立明确的任职资格体系来规范人才培养和选拔，员工在职位晋升前都需要先接受培训学习，不断提高职位的胜任能力。

（资料来源：黄志伟. 华为人力资源管理 [M]. 苏州：古吴轩出版社，2017：475-493；范金. 华为如何培养人 [M]. 北京：人民邮电出版社，2022：165-222.）

4.1 企业培训体系

4.1.1 培训制度

培训制度主要包括培训的法律法规、具体的规章制度和政策等方面。科学有效的培训制度不仅有利于调动企业和员工培训的积极性和主动性，同时也使企业培训活动系统化、规范化和制度化。

一般而言，企业培训制度包括培训服务制度、培训激励制度、培训考核制度、培训奖惩制度、培训风险管理制度、培训档案管理制度等基本制度。除此以外，还包括培训实施管理制度、培训经费管理制度以及针对各类员工的培训管理制度等。企业培训制度内容体系及制度说明如表4-1所示。

表4-1 企业培训制度内容体系及制度说明

培训制度	制度说明
培训服务制度	包括培训服务制度条款和培训服务协议条款，是培训管理的首要制度
培训激励制度	规定了对员工的激励、对部门及其主管的激励和对企业本身的激励，以此提高各个培训主体的积极性
培训考核制度	规定了员工接受培训后的考核标准和考核方法，并将结果作为评价员工晋升和奖励的重要依据
培训奖惩制度	规定了培训考核后奖惩的标准、执行方式和方法，是其他培训制度的保证
培训风险管理制度	规定了《劳动法》《劳动合同法》对企业培训的要求，以及培训费用分摊与补偿等事项
培训档案管理制度	包括培训部门的工作档案、受训员工的培训档案和与培训相关的其他档案
培训实施管理制度	规定了整个培训过程中的各个活动、流程
培训经费管理制度	规定了培训经费预算、经费管理实施细则、经费决算等事项

企业在起草某一项具体培训制度时，应注意其结构和内容的完整性和一致性，内容至少应包括以下几个方面。

（1）制定企业员工培训制度的依据。

（2）实施企业员工培训的目的或宗旨。

（3）企业员工培训制度实施办法。

（4）企业员工培训制度的核准与施行。

（5）企业员工培训制度的解释与修订。

培训制度的制定应坚持战略性、长期性和适用性三个方面的要求，切实保证培训制度的科学性和合理性，从而给予培训开发工作全方位的制度支持和保障。需要注意的是，我国《劳动合同法》《劳动合同法实施条例》对企业培训作了相关的法律制度规定。其中，《劳动合同法》第二十二条规定："用人单位为劳动者提供专项培训费用，对其进行专业技术培训的，可以与该劳动者订立协议，约定服务期。劳动者违反服务期约定的，应当按照约定向用人单位支付违约金。违约金的数额不得超过用人单位提供的培训费用。用人单位要求劳动者支付的违约金不得超过服务期尚未履行部分所应分摊的培训费用。用人单位与劳动者约定服务期的，不影响按照正常的工资调整机制提高劳动者在服务期期间的劳动报酬。"《劳动合同法实施条例》第十六条规定："劳动合同法第二十二条第二款规定的培训费用，包括用人单位为了对劳动者进行专业技术培训而支付的有凭证的培训费用、培训期间的差旅费用以及因培训产生的用于该劳动者的其他直接费用。"

4.1.2　培训师

培训师是企业培训体系的重要组成部分，培训师师资水平的高低直接影响到培训的实施效果。培训师的开发和获取，主要有企业内部开发和企业外部聘请两种途径。

1. 企业内训师

企业内训师包括专职培训人员、优秀的部门主管、专业技术人员、骨干员工、中高层领导。内训师选拔的标准包括以下几个方面。

（1）具有丰富、扎实的理论知识。

（2）具有较高的业务能力和职业素质。

（3）具有较强的语言表达能力和沟通能力，富有影响力和幽默感。

（4）具有一定的实践经验和相关阅历。

（5）最好在企业内担任一定的职务。

（6）具有课程开发、PPT制作及讲课技能、技巧。

内训师的选拔方式包括推荐和自荐，选拔过程要确保公平性和公正性，具体选拔步骤和注意事项如表4-2所示。

表4-2　企业内训师选拔步骤和注意事项

选拔步骤	实施内容	注意事项
发布公告	发送内训师选拔通知，并附上内训师选拔范围和选拔标准	制订合理的内训师选拔标准
提出申请	由各部门自荐或推荐，填写"内训师推荐/自荐表"	各部门自荐或推荐的人员必须是符合条件的申请人
筛选	培训部门筛选出符合选拔条件者	筛选依据：内训师选拔标准
培训	安排课程设计、语言表达、现场控制等方面的专业知识与技巧培训	培训主要从课程开发、授课技巧、授课方法等方面进行
试讲和评估	安排试讲考评，评审小组对试讲人员进行评估	制订内训师试讲考核要求和内训师试讲评估标准、细则
确定合格人员	培训部门将合格人员上报领导审核，最终确定合格人员	发放培训师证书

2. 外部培训师

外部培训师一般包括咨询公司专业讲师、行业标杆公司兼职讲师、本专业的专家或学者、高校教师、长期稳定合作的大型供应商或客户提供的讲师资源。选择外部培训师时，需要关注以下几方面的事项。

（1）具有多年从业经验，具备培训项目、课程体系开发经验。

（2）能够融合多种培训方式，运用恰当的培训技巧进行授课。

（3）能够提供已服务客户的资料，具备较好的客户口碑。

（4）培训师对行业、本企业发展状况的了解程度，具备专业领域的学习能力。

（5）合同中明确的服务、材料和收费等事宜。

为了提高培训师师资团队的工作绩效，健全企业培训体系，企业还需要对培训师进行分类、分级管理，建立培训师的激励制度和管理制度。培训师的激励制度主要包括颁发资格证书、提高薪酬、增加福利、扩大职位晋升空间以及提供更多的培训机会。培训师的管理制度主要包括培训师的评聘、考核、培训等。

4.1.3 培训课程体系

培训课程是企业培训体系的重要组成部分，培训课程体系是企业的战略目标和能力体系的课程化表现。一般而言，人力资源部可以以企业战略、经营目标为指导，根据各个岗位的任职资格要求和岗位胜任力模型，在培训需求调查的基础上，有效建立培训课程体系。在设计培训课程体系时，应考虑培训对象、培训需求和培训目的三大要素。

工具：思政类
课程设计

1. 培训对象

培训对象可细分为新员工、基层员工、中层员工、高级管理者、骨干；职能部门员工、技术部门员工、业务部门员工。培训课程设计要充分考虑培训对象的职责、层级、工作经历等因素。

2. 培训需求

培训需求可分为管理技能、岗位技能、通用技能提升。具体操作时，可通过培训需求调研与分析确定培训需求，以此为基础设计培训课程体系。

3. 培训目的

培训目的主要有知识提高、工作态度改善、职业素养提升、问题解决、绩效改善。具体操作时，可基于培训目的设计培训课程体系。

企业培训课程体系的框架样例如表4-3所示。

表4-3　企业培训课程体系的框架样例

课程体系	课程类别	课程名称
管理技能	高级管理层	战略管理、组织结构设计、企业文化、品牌管理、风险控制、领导艺术、人才管理
	中级管理层	团队建设、沟通技巧、员工激励、执行技能、会议管理、目标管理、企业知识管理
	初级管理层	选择与决策、目标与计划、团队建设、沟通技巧、解决问题、执行技能、会议管理

续表

课程体系	课程类别	课程名称
岗位技能	营销技巧	电话销售技巧、客户服务技巧、渠道销售技巧、经销商管理、客户关系管理、商务谈判
	生产运营	生产计划、现场管理、安全管理、品质控制、成本控制、设备管理、流程管理、工艺管理
	人力资源管理	岗位管理、招聘管理、培训管理、薪酬管理、绩效管理、劳动关系管理、职业生涯管理
	财务管理	统计核算、报表编制、现金管理、成本管理、资产管理、税务筹划、预算管理、管理会计
	技术研发	产品知识、研发项目管理、产品需求分析、研发成本控制、研发质量管理、创新意识
	采购管理	报价方法、谈判技巧、采购预算管理、供应商管理、合同管理、市场调研、诚信意识
	质量管理	品质控制流程、质量检验方法、全面质量管理、质量可靠性分析、统计质量控制的工具和方法
	仓库管理	仓储管理流程、仓库系统使用、供应链计划、库存管理、仓库数据分析
	物流管理	物流质量管理、报检报关流程、物流系统、商品包装管理、物流运筹管理、物流成本管理
	客户服务	客户关系管理、客户服务原则、沟通技巧、电话礼仪、接待礼仪、服务用语、肢体语言
通用技能	个人成长	自我认知、人生规划、时间管理、压力管理、沟通技巧、团队意识、文书写作、办公软件使用、人际关系、心态塑造、情绪管理
	新员工培训	企业文化、规章制度、奖惩条例

4.2　新员工入职培训

4.2.1　新员工入职培训的内容

企业实施新员工入职培训的目的在于，让新员工尽快了解企业的工作环境、规章制度、企业文化、岗位职责、工作内容，使其能更快、更好地适应新的单位和新的岗位，培养新员工对企业的认同感和归属感。新员工入职培训的内容一般包括以下几个方面。

微课：新员工
入职培训

1. 公司概况

公司概况应包括的信息有地理位置、工作环境、发展历程、经营理念、产品服务、品牌地位、产品市场占有率、发展前景、组织结构及主要领导。有效的新员工培训首先应让员工全面认识、了解公司。

2. 公司规章制度

规章制度是新员工工作和行为的准则。公司规章制度包括考勤制度、行为规范、纪律规范、个人仪表、商务礼仪、电话礼仪等行为规范，基本工资制度、加班制度、奖惩制度等薪酬福利制度，工伤制度、医疗制度、退休制度等社会保障制度，劳动合同、辞职、解聘等劳动关系制度。

3.企业文化和管理理念

新员工一入职，企业就要将企业文化和管理理念传达给员工。例如，联想公司将公司的新员工培训称为"入模子"，核心就是内化新员工的企业文化和管理理念，增强员工的归属感。

4.员工职业发展规划

向新员工介绍企业倡导的员工发展理念，介绍新员工在企业能够获得的晋升机会和发展路径。

5.安全生产教育

安全生产教育是制造企业不可或缺的内容，包括消防安全、电力安全、机械安全知识及紧急事件处理，企业应根据实际情况编制培训重点。

6.职位说明和职业必备

职位说明和职业必备包括工作流程、上下级关系、部门业务和结构、工作岗位职责和任务、与同事的工作关系，岗位用到的设施、设备的操作方法等。

7.熟悉工作环境

由人力资源部带领新员工参观公司、餐厅、展厅、活动室；各部门主管带领新员工熟悉部门同事，介绍对外联络部门的同事或领导，介绍工作场所。

4.2.2 新员工入职培训的流程

新员工入职培训的操作流程分为两部分：一部分是人力资源部统一组织的集中培训的操作流程，另一部分是部门负责人或导师对新员工进行培训的操作流程。

1.集中培训的操作流程

（1）准备阶段。人力资源部按照新入职员工的规模情况确定培训时间，拟定培训具体方案，填写新员工入职培训计划并报送相关部门确认。待相关部门确认无异议并给出反馈后，发送正式的新员工培训通知，并做好培训讲师沟通，以及场地、设备等培训资源的准备。培训师的选择宜从企业内部选拔，一般可以由企业总经理、部门负责人或有丰富经验、工作能力突出的优秀员工担任。

（2）实施阶段。人力资源部负责与各子公司及相关部门进行协调，做好培训全过程的组织管理工作，包括人员协调组织、场地的安排布置、培训师的沟通安排、培训资料的准备、后勤保障管理、培训质量的监控等工作。

（3）评估阶段。人力资源部负责在每期培训结束当日对新员工进行反馈调查，填写培训效果调查表，并汇总分析新员工反馈的意见与建议，总结对培训课程、培训师、培训方法、培训时间等给予改进的参考意见。在新员工培训结束后一周内，人力资源部提交培训总结报告，报相关领导审阅。

2.部门培训的操作流程

（1）创造第一印象，感受企业文化。为了让新员工尽快融入新的环境，部门负责人或导师应该亲切迎接新人，让他们感到轻松愉快，消除其紧张和不安情绪。

（2）熟悉工作环境，介绍工作关系。部门负责人或导师要带着新人在企业和部门内走走，引导新员工熟悉工作环境，并介绍与新员工相关的有内外部工作关系的同事和联系人。

（3）制订并实施学习计划。部门负责人或导师要结合员工的职业生涯发展为新员工制订学习计划，并和新员工一起执行学习计划，给予持续的指导和纠偏，以保证新员工能学习和内化技能。

表4-4是某公司的新员工入职培训操作流程，供大家学习参考。

表4-4　新员工入职培训操作流程

阶段	流程	负责部门/负责人
人力资源部统一培训	新员工欢迎词	公司领导
	新员工见面会	人力资源部
	准备培训课程计划表	人力资源部
	准备新员工办公场所、办公用品	综合部
	准备新员工培训资料	人力资源部
	培训实施（公司介绍、企业文化、规章制度、通用技能、职业化训练等）	人力资源部
	培训考核	人力资源部
	培训总结	人力资源部
	试用期跟踪、辅导	人力资源部
部门培训	部门报到	人力资源部
	部门经理代表全部门员工欢迎新员工	部门经理
	介绍部门同事，熟悉工作环境	部门经理
	新员工工作描述、职责要求	部门经理
	为新员工指定导师	部门经理
	培训实施（岗位职责、岗位技能、工作要求等）	部门经理
	新员工工作跟踪、辅导	部门经理
	为新员工设定绩效目标	部门经理、人力资源部
培训总结	与新员工面谈，讨论试用期表现，填写试用期评价表	部门经理、导师
	讨论新员工表现，填写试用期考核表，与新员工就试用期考核表现谈话并给予考核反馈	部门经理、人力资源部
	新员工培训效果评估与总结	部门经理、人力资源部
	新员工培训资料存档	人力资源部

4.3 职业生涯管理

4.3.1 职业生涯管理的内容

职业生涯管理既可以以企业为中心，也可以以个人为中心，或者在两者之间取其平衡。从员工个人角度出发，职业生涯管理的工作主要有：分析职业兴趣、个人能力和职业锚，做好自我定位；了解外在环境和组织目标，分析判断发展机会，确定个人职业生涯目标；根据职业目标制订具体的行动计划和方案；实施和调整行动方案。从组织角度进行职业生涯管理，主要是对员工的职业生涯发展进行引导，为员工提供职业发展机会，努力实现员工与组织的共同发展。

微课：职业
生涯规划

在这里，我们探讨的职业生涯管理是以企业为主体开展的。为了持续获得竞争优势和人才发展优势，企业人力资源管理者的角色已逐渐从行政性、事务性管理转变为企业的战略合作伙伴，越来越关注对员工的职业生涯管理。人力资源管理职能的转变如表4-5所示。

表4-5 人力资源管理职能的转变

人力资源管理工作	传统人力资源管理职能	注重职业生涯管理的职能
人力资源规划	分析目前和未来的工作、技能和任务，分析组织的项目需求，使用统计数据	在信息与数据中加入员工的个人兴趣、爱好等内容
招聘与录用	将组织需求与应聘者的资格相匹配	提供职业生涯等多种信息，将个人需求和职业需求相匹配
培训与开发	提供能增强与工作有关的学习能力、技能的计划与信息	提供职业发展路径的信息，关注个人的成长
绩效管理	绩效评价的等级与奖励	绩效反馈，制定员工的发展目标和开发计划
薪酬管理	根据时间、生产率和才能等进行奖励	与工作无关的活动也将获得奖励，如社会兼职等

4.3.2 职业生涯管理的流程

1. 制定现阶段的人力资源规划

人力资源规划是企业根据自身的发展战略制定的。企业通过预测未来的人力资源供给和需求状况，制定企业基本的人力资源政策、制度和具体的人力资源计划。简言之，人力资源规划是企业人力资源获取、使用、维护和开发的一系列策略和计划。

2. 设置职业发展模式

职业发展模式是员工职业晋升和职业发展的路径，也就是职业发展通道。一般来说，职业发展模式有纵向发展模式、横向发展模式和双通道发展模式三种。不同的企业有不同的员工职业发展通道和职业发展路径,通用的企业职业发展通道如图4-1所示。管理类通道适用于企业的各类人员,业务类通道适用于从事市场营销的人员,技术类通道适用于从事技术工作的人员,操作类通道适用于从事生产工作的人员。企业应根据人力资源规划的需求和现有人力资源状况,设置适合企业的职业发展模式。

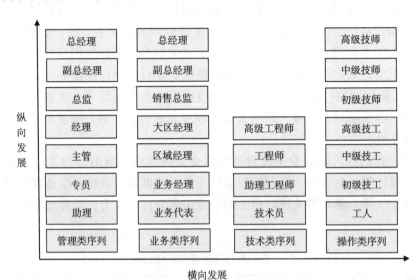

图 4-1　企业通用的职业发展通道

3. 建立职业发展管理组织机构

一般来说,职业发展管理组织机构的组成包括职业发展管理委员会、人力资源部、员工直属上级和员工本人。其中,职业发展管理委员会由总经理、副总经理、人力资源部以及关键部门的负责人组成。人力资源部的主要工作职责是拟定职业发展管理体系的管理办法、流程等制度性文件,及时向员工传达岗位空缺信息,优化职业发展管理体系,建立职业发展管理体系档案。由于帮助员工制订个人发展计划的关键角色是员工的直属上级,所以人力资源部须对他们进行培训和辅导,以便能够及时地给出建议、提供信息。

4. 与员工共同制订职业发展计划

职业发展管理机构帮助员工进行职业选择,确立短期、中期和长期发展目标。短期目标是3年以内的职业发展目标,回答的是"要具体做好哪些工作?在能力上有什么提高?准备升迁到什么职位?以什么样的业绩来表现?"等问题。中期目标是3～5年的职业发展目标,回答的是"在能力上有什么提高?准备升迁到什么职位?在知识、技能方面要接受哪些具体的培训?是否需要进修或出国学习?"等问题。长期目标是5～10年的职业发展目标,其时限与个人目前岗位、组织实际等因素相结合,回答的是"准备升迁到什么职位?在知识、技能方面要接受哪些具体的培训?是否需要进修或出国学习?为组织做出哪些较突出的贡献?自己在组织中处于什么地位?个人价值观与组织价值观融合的程度如何?"等问题。企业通过帮助员工明确职业目标,使个人发展目标与企业发展目标有机协调起来。

当员工职业发展目标确定以后，职业发展管理机构和员工共同填写职业发展计划，并持续关注职业发展行动计划的完成情况。员工职业发展计划表如表4-6所示。

表4-6 员工职业发展计划表

姓名		部门		岗位	
职务		直属上级			
计划有效期：____年__月__日至____年__月__日					
职业发展目标					
长期目标			完成时间		
中期目标			完成时间		
短期目标			完成时间		
个人现状总结：					
期望发展的技能：					
具体行动计划					
行动计划		持续时间	评估方式		评估人
希望公司提供的支持：					
签署计划					
□以上内容属于本人真实意愿，我同意此发展计划。	本人签字： 时间：		直属上级签字： 时间：		

5. 实施员工职业生涯管理

建立并完善人员的人力资源管理档案，通过培训、轮岗、职业辅导、职业咨询、继任计划、绩效考核等方式，帮助员工实现现员工职业发展计划表中所列的职业发展目标。一般来说，员工的职业生涯会经历初期、中期和后期三个阶段，企业在不同阶段应采取不同的职业生涯管理方法。

（1）职业生涯初期。企业应对新员工进行入职培训，帮助他们培养良好的工作态度，制定职业发展规划，确定职业发展目标，并帮其寻找一位经验丰富且值得信任的导师，保持其在今后职业生涯中的热情和积极性。

（2）职业生涯中期。这一阶段的员工大多有了明确的职业目标，但可能会出现"职业高原现象"。企业可以用满足心理成就感的方式来代替晋升以实现激励效果；也可以采用岗位轮换或丰富化的方式，提高员工对工作的兴趣。

（3）职业生涯后期。此时，大多数员工即将退休，企业应当帮助员工做好退休前的工作交接和心理上的准备。

6.职业生涯规划的评估与修正

职业生涯规划评估与修正的工作主要是：回顾员工的工作表现，检验员工的职业定位和职业方向是否正确和合适，并采取一定的措施帮助员工纠正偏差，增强员工实现职业目标的信心。

4.4 培训与开发实务操作流程

4.4.1 培训与开发的程序

企业中的培训与开发是一项系统性工作，培训是针对企业已存在的问题，通过培训去解决；而开发是针对企业发展需要具备的潜能，通过培训去提高。所以，整个培训与开发体系的构建，既要解决企业正常运行中存在的问题，也要保证企业今后发展员工潜能的提升。培训与开发工作的具体实施要遵循一定的程序来进行，具体包括培训需求分析、制订培训计划、培训实施、评估培训效果等步骤，如图4-2所示。

微课：培训与
开发的流程

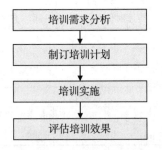

图 4-2 培训与开发的程序

4.4.2 培训需求分析

1.理解培训需求分析

培训需求分析是培训与开发工作的起点和首要环节。由于培训并不能解决所有的管理问题，比如一种产品销路不畅，原因是该产品已脱离市场需求，此时销售人员的培训明显无能为力，这就凸显了培训需求分析的必要性和重要性。一般认为，培训需求分析的内涵可以从组织和个人两个角度进行理解。

从组织角度来看，培训需求分析是基于组织目标，对以培训为手段改善组织绩效现状、提升绩效水平的需要程度进行分析的过程。组织层面的培训需求分析，由各个部门寻找绩效差距，并以弥补差距为目标，确定培训内容、时间、方式和受训人员，填写部门培训需求表，人力资源部汇总后制订公司的培训计划，如表4-7所示。

表4-7 部门培训需求表

部门名称：_____ 填表日期：_____ 部门经理签字：_____

培训内容	培训时间	培训方式	拟参加人员	备注

从员工个人角度来看，培训需求分析是基于未来或目前所从事职业（岗位）对员工的要求，对以培训为手段提升人员知识、技能、素质的需要程度进行分析的过程。个人层面的培训需求分析，有利于准确地了解员工的培训需求，为员工"量体裁衣"设计培训内容和培训课程，如表4-8所示。

表4-8 个人培训需求表

姓名：_____ 部门：_____ 职务：_____ 司龄：_____

性别：_____ 年龄：_____ 学历：_____ 填表日期：_____

培训内容	培训时间	培训方式	拟参加人员	备注

2.三要素培训需求分析模型

三要素分析模型是应用较为广泛的培训需求分析模型，该模型指出，培训需求的分析可以从组织、任务和个人三个层面展开。

（1）组织分析。组织分析是在企业层面展开的，主要依据战略目标、组织资源、企业文化、整体绩效等因素，分析和判断企业存在的问题，以确定培训是否能有效解决这些问题，以及企业当前和未来培训的方向和重点。其中，企业的战略目标对培训计划的制订和执行具有决定性作用。同时，企业不同的发展阶段对应的培训开发工作也具有不同的特点，如表4-9所示。

表4-9 企业不同发展阶段对应的培训工作特点

企业发展各阶段	培训工作特点
创业阶段	以个人在实践中自我锻炼、自我领悟为主
产品转型阶段	以业务性、实际操作型灌输为主，从主管人员的言传身教逐步发展到有专门的部门和人员
多元化阶段	通用型人才由公司统一安排培训，各业务部门自主确定培训内容与方式，人员培训成为晋升条件
全球化阶段	培训内容丰富，区域性强，强调创新与开拓精神，注重企业哲学、企业文化塑造

（2）任务分析。任务分析是以各个职位为对象，通过分析员工胜任职位要求所需的知识和技能，找出差距，确定培训需求。培训需求任务分析的目的在于，确定与绩效达成有关的职位工作内容、标准，以及完成工作所应具备的知识、技能和个性、态度、兴

趣等因素。企业在确定新员工培训内容的范围和重点时，可以在任务层面进行培训需求分析。

（3）人员分析。人员分析是在个人层面分析培训需求，一般需要将员工目前的绩效水平与绩效考核标准进行对照，找出差距并分析绩效不佳的原因，以确定培训对象和需要培训的内容及培训后达到的效果。在进行人员分析时，要注意员工学历、工作经验、专业知识、培训经历、年龄、个性等影响因素。

3. 培训需求分析方法

在进行培训需求分析时，可使用多种方法，包括管理层调查法、工作观察法、绩效考核法、问卷调查法、关键事件法、档案资料法等。在实务操作中，要根据不同方法的功能和适用性进行选择，具体如表 4-10 所示。

表 4-10　不同培训需求分析方法的比较

方法	员工参与度	管理者参与度	时间成本	量化程度
管理层调查法	低	高	低	低
工作观察法	中	低	高	中
绩效考核法	中	高	中	高
问卷调查法	高	高	中	高
关键事件法	高	低	中	高
档案资料法	低	中	低	中

培训需求分析的工作一般要求在每年的 12 月底前完成，由各子公司、各部门进行客观、细致的调查分析，并将培训需求汇总至人力资源部。人力资源部对培训需求分类汇总并作最后的确认，对于各部门有相同需求的培训，由人力资源部统一组织公司级别的培训。而对于某个部门的特殊需求，则由子公司或各部门自行组织培训。需要注意的是，在进行培训需求分析的过程中，我们要避免培训工作必须从培训需求分析开始做起的误区。在实际工作中，当培训需求不明确时，培训需求分析是培训工作的首要步骤和起点；但如果培训需求十分明确，那就没有必要在这个环节再作需求分析而浪费企业资源了。

4. 编制培训需求分析报告

培训需求分析报告没有固定的格式，通常包括以下几个部分的内容。

（1）报告提要，主要阐明背景和概况。

（2）培训需求分析的实施说明。

（3）开展培训需求分析的目的和性质。

（4）培训需求分析实施的方法和流程。

（5）培训需求分析的结果。

（6）培训需求分析结果评析。

（7）附录，包括收集和分析信息时所用的图表、原始的佐证资料等。

4.4.3 制订培训计划

1. 培训计划的内容

培训计划有多种形式，既有根据企业战略目标制订的中长期培训计划，又有每年制订的年度培训计划，以及具体到某一个培训项目或某一次培训活动的单项计划。一般来说，一份完整的培训计划包含的内容有：培训目标、培训内容、培训对象、培训方法、培训师、培训时间、培训地点、培训费用。具体如表4-11所示。

表4-11 培训计划的主要内容

主要内容	说 明
培训目标	培训活动所要达到的目的，解决的是培训应达到什么样的标准
培训内容	根据培训需求分析确定进行什么样的培训，培训内容一般分为知识类、技能类、素质类，涉及管理实践、行业发展、企业规章制度、工作流程、专项业务、企业文化等课程
培训对象	确定哪些员工需要进行培训，培训对象通常包括中高层管理人员、关键技术人员、营销人员以及业务骨干等
培训方法	包括学徒培训、导师制、工作轮换、授课法、讲座法、讨论法、案例分析法、角色扮演法、工作模拟法、移动学习、拓展训练、行动学习法等
培训师	培训师有内部开发和外部聘请两种渠道，应根据培训目的和要求，全面考虑培训师的选拔和任用
培训时间	时间安排受培训对象、内容、方法、费用等因素的影响，培训时间的安排要科学合理，尽量不与日常工作时间造成冲突
培训地点	培训地点有教室、会议室、工作现场、户外等，根据培训方法确定培训地点
培训费用	包括培训师的授课费、场地租赁费、课程开发费、教材费、资料费、工作人员工资等

2. 培训方法的比较与选择

在实践中，有很多培训方法可供选择，然而每种方法都各有优点和局限性，企业应当根据培训目的、培训内容、培训对象和培训预算等因素选择适用的方法，具体如表4-12所示。

表4-12 不同培训方法的优点和缺点

方法	优点	缺点
学徒培训	成本低，有利于技能的快速掌握	培训效果受师傅影响大，降低师傅的工作效率
导师制	提高知识、技能和对职业的自信，提升对企业文化的适应性	导师须提前进行培训
工作轮换	拓展员工的工作经验、知识、技能，从而能够胜任多方面的工作	不利于员工在某一专业领域的提升，适用于培训管理人员，不适用于培训职能专家
授课法	成本低，有利于大面积培养人才，有利于培训师个人能力的发挥	不利于教学双方互动，教师水平影响培训效果，不适用于技能培训
讲座法	可满足员工某一方面的培训需求	内容可能不具备较好的系统性

续表

方法	优点	缺点
讨论法	提高学习兴趣，加深对学习内容的理解，有利于知识和经验的共享	不利于对基本知识和技能的系统掌握，对培训师的要求较高
案例分析法	有利于培养员工分析问题、解决问题的能力	案例的收集和提炼比较困难，对培训师的要求较高
角色扮演法	参与性强，提高员工的培训积极性，有利于员工认识到自身问题并及时进行改正	场景是人为设计的，员工不一定能得到真正的角色锻炼，适用于态度培训，不适用于知识和技能培训
工作模拟法	和实际工作较接近，培训效果较好，有利于控制培训过程	费用高，不可能完全与真实工作相同，存在培训转化问题
移动学习	不受时间和空间限制，满足个性化学习需求，方便进行学习管理	有些学习内容不适用于移动学习，比如实践操作类培训
拓展训练	有利于培养团队合作和领导技能	存在一定的意外性，费用较高
行动学习法	培训内容更真实，有利于员工经验积累和能力提升	耗时长、成本高，对员工的要求高，项目设计难度大

3. 培训场地的布置

培训场地的布置应根据培训目的、学员人数、培训内容、培训方法等因素进行布局设计，培训场地的布置应遵循以下原则。

（1）确保学员最大限度地得到放松。

（2）有较大的空间，确保学员能最大限度地参与培训。

（3）保证适宜的温度、湿度和照明，并且安静不受干扰。

培训场地的布局一般有教室型、剧院型、多圆桌型、圆形、人字形、U形等形式。每种布局形式各有优点和缺点，如表4-13所示。如果你希望培训秩序第一并保持多数人的学习行为，那么首选人字形布局；如果你希望发动学员积极讨论，那么首选圆形布局；如果你希望限制学员间相互交流、提高其独立处理问题的能力，那么首选剧院型布局；在人数规模较大、场地有限的情况下，首选教室型布局。

表4-13　不同培训场地布局的优点和缺点

布局形式	优点	缺点
教室型	适用于大型、传统教学方式的培训	不利于培训师与学员沟通
剧院型	适用于大型、知识型培训	不利于学员间的交流
多圆桌型	有利于学员互动、培训师与学员互动	需要空间大，对培训师要求较高
圆形	学员精力集中、积极性高	一些学员的视线会受阻
人字形	有利于讨论培训或作业培训	不利于培训师的课堂管理
U形	适用于研讨类、情景模拟类、角色扮演类培训	需要空间大；相对正式，学员易拘谨

4.4.4 培训实施与管理

培训实施是将培训计划付诸实践的过程，也是保证培训效果的重要活动。这里主要介绍授课类培训和外出类培训的实施和管理。

工具：培训
组织实施

1. 授课类培训

一般来说，授课类培训分为准备阶段、实施阶段、培训结束三个阶段的工作。

（1）培训准备阶段的工作。在培训前 10 天发送培训通知，为便于信息的有效传达，在通知下发后，一定要和受训人员进行电话确认。提前一周与培训师联系，提前审核培训师提供的课件。在培训前两天准备培训资料，确认培训场地，提前调试培训需要用到的设备器材。

（2）培训实施阶段的工作。培训工作人员须提前 1 小时到达会场，组织员工签到，发放学习资料。在培训正式开始前宣读培训须知，介绍培训师和培训课程。与培训师保持沟通，安排好培训师的授课时间。做好培训期间的服务工作，包括对培训师的服务、学员的就餐交通服务、培训的摄影录像服务等。

（3）培训结束后的工作。培训结束后，应做好培训试卷、培训效果评估问卷的整理工作，收集培训作业，撰写培训总结报告，整理培训档案等工作。

2. 外出类培训

为了便于管理，外出类培训要做好以下几个方面的工作。

（1）员工提出申请，经部门负责人同意后交人力资源部审核，报企业领导审批。

（2）需签订员工培训合同，合同规定双方的责任、义务。

（3）外出培训最好不要和工作时间有冲突，不提倡全脱产学习。外出学习在工作日视同在企业上班，但要提供学习考勤和学习成绩单。

（4）企业委派员工出国培训，应尽可能让员工到投资方的外商方总部受训。

4.4.5 评估培训效果

1. 培训效果四层次评估

培训与开发工作的最后一个步骤是评估培训效果，培训的有效性不仅关系到培训是否达到预期目标，还有助于改进和优化今后的企业培训开发工作。一般来说，培训效果的评估可以从反应层、学习层、行为层、结果层四个层次进行有效性评估。四个层次的评估呈递进的逻辑关系，如图 4-3 所示。

工具：培训
效果调查表

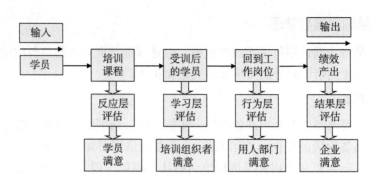

图4-3 培训效果四层次评估的逻辑关系

在进行反应层、学习层、行为层、结果层四个层次的有效性评估时，要掌握各个层次的评估内容、评估方法、评估单位、评估时间等实施要点，具体如表4-14所示。

表4-14 培训效果四层次评估的实施要点

评估层次	评估内容	评估方法	评估单位	评估时间
反应层	学员满意程度	问卷调查法、面谈法、座谈法	人力资源部	培训结束时
学习层	知识、技能、态度、行为方式方面的收获	提问法、笔试法、面试法、比较分析法	人力资源部	培训进行时培训结束时
行为层	工作行为的改进	面谈法、观察法、绩效考核法、任务项目法	受训者的直接上级主管	三个月或半年以后
结果层	衡量企业经营业绩的变化	绩效考核法、培训成本收益分析法	人力资源部	半年、一年后公司绩效考核

2. 培训成本收益分析

企业是以盈利为目的的，企业的培训投入往往是以企业利润最大化为目标，因此，培训效果评估还应做好培训成本收益分析。培训成本收益分析是检验培训效果的有效途径，对未来员工培训计划的制订和实施具有重要的参考价值。

（1）培训成本。培训成本可分为两大类，即直接成本和间接成本，具体明细如表4-15所示。

表4-15 培训成本明细

成本分类	内部培训成本	外包培训成本
直接成本	培训讲师费，培训场地租赁费，培训设备、相关培训辅助材料费用，培训教材费、资料费，培训课程制作费，参加培训所支出的交通费、餐费、住宿费及其他	外包项目合同约定费用，培训设备、相关培训辅助材料费用，参加培训所支出的交通费、餐费、住宿费及其他，选择培训机构时发生的费用
间接成本	课程设计费用（包括工资、资料费），受训者的工资福利，培训管理人员的工资、交通费、通信费等，一般培训设备的折旧和保养费	受训者、辅助培训人员工资福利，培训管理、监督费用

（2）培训成本收益分析的步骤。培训成本收益法是指通过分析成本和培训所带来的各项硬性指标的提高，计算出培训的投资回报率，这也是最常用的定量分析法。培训成本收益分析包括以下几个步骤。

第一步，收集各项培训费用的资料，如凭证、票据等；

第二步，将培训成本分为直接成本和间接成本；

第三步，统计各阶段的各项费用，做出汇总表格和统计图表；

第四步，对比和分析培训成本及各项费用的变化情况；

第五步，调查、分析变化的原因；

第六步，对比培训前后的工作状况，衡量培训收益，计算投资回报率；

第七步，分析情况、判断原因，提出下一步培训的改善建议。

3. 撰写培训效果评估报告

一份完整的培训效果评估报告应包括以下内容。

（1）导言，即培训项目的概况、评估的目的和性质。

（2）概述评估实施的过程。

（3）阐述评估结果。

（4）解释、评论评估结果和提供参考意见。

（5）附录，主要包括收集评估信息时所采用的相关资料、图表、工具等。

4.5 培训与开发实务操作训练

4.5.1 实训项目：设计培训方案

1. 实训目的

微课：培训与
开发注意事项

通过实训，学生能够掌握培训计划的内容，掌握培训与开发的流程、方法和工具，并能根据企业实际设计员工培训方案。

2. 实训类型

电脑操作与演示、综合性实训。

3. 实训环境

电脑、投影仪、麦克风、人力资源管理仿真实验室。

4. 实训背景资料

BYD 公司是一家致力于"用技术创新，满足人们对美好生活的向往"的高新技术企业。经过 20 多年的高速发展，公司已在全球设立了 30 多个工业园区。公司业务涵盖电子、汽车、新能源和轨道交通等多个领域。

人才是引领发展的第一动力，BYD 公司深知推动企业发展，需要积蓄人才力量。据悉，公司 2023 年校园招聘总人数达到 3.18 万人，其中，硕士和博士的整体占比达 61.3%。

BYD公司对一流高校应届毕业生的吸引力，得益于其坚持"人才长期主义"的人才培养机制。公司始终坚持"造物先造人"的核心人才发展理念，致力于搭建一个多层次的学习型组织，覆盖技术、营销、运营、综合四大岗位领域，建立线上、线下多培训渠道，通过面授、案例研讨、活动拓展、技能比武、项目研讨等多种创新培训与培养方式，持续提升公司的人才竞争力。

25年来，BYD公司持续开展"明日之星·百日蜕变应届生训练营"，一届又一届的"新生代"从训练营走出，成长为优秀的业务骨干和管理人才，成为保障集团基业长青的中坚力量。"明日之星·百日蜕变应届生训练营"为期100天，以促进和提升明日之星的企业归属感、文化认同感、业务理解度、职业素养和岗位实战能力等为训练内容，以高管引路、大咖分享、师徒辅导、线上学习、文化活动、岗位实践等为方法，以助力明日之星获得未来发展所需的胜任力为目标，实现从校园人到企业人的角色转变。

（资料来源：叶梅，翁瑞峰.深圳凸显人才"强磁力"，3.18万名应届生入职BYD[EB/OL].（2023-07-28）[2023-12-11].https://www.sznews.com/news/content/2023-07-28/content_30366434.htm.）

5. 实训任务

假设你是BYD公司人力资源部专员，你会如何设计并组织实施"明日之星·百日蜕变应届生训练营"人才培养项目？请你为BYD公司设计新员工入职培训方案。

6. 实训步骤

（1）课前准备与任务布置：①划分任务小组，组成BYD公司的人力资源部，一般每组5～7人。②每组推选一位成员担任组长，即人力资源部经理。小组成员任务分配可自行决定。③指导教师向各组提供实训资料和阅读书目，学生提前熟悉实训任务。

（2）课中方案设计与评价：①教师讲解培训与开发的重点和难点。②各小组根据实训资料进行方案设计，教师给予必要的指导。③各小组派1名代表进行分享演讲，教师和其他小组就相关问题提问。④教师进行点评总结，各小组开展自评、互评。

（3）课后总结与提升：各小组撰写实训报告，并完成拓展阅读。

4.5.2 实训项目：组织职业生涯管理

1. 实训目的

通过实训，学生能够掌握职业生涯管理的内容、流程和方法，并能根据企业实际创新组织职业生涯管理工作。

2. 实训类型

案例分析、综合性实训。

3. 实训环境

电脑、投影仪、麦克风、人力资源管理仿真实验室。

4. 实训背景资料

（1）SY集团人力资源管理概况

SY集团是国内大型的装备制造企业，集团提出"坚持市场化、国际化的导向，加快技术进步、创新商业模式、提高经济效益、实施人才战略"的战略转型规划，依靠技术进步和人力资本推动集团发展。人力资源部需按照战略规划对科研创新体系、新产业、现代服务业加大人力资本的投入，从"选、育、用、留"四个方面做好技术员工的管理。"选"是要加大技术人才的引进力度，在新产业和关键技术领域引进科研领军人物、关键学科带头人；"育"是要加强对现有技术员工的培养，采用轮岗锻炼、项目锻炼等多种方式提升科研能力和技术项目管理能力；"用"是要发挥技术员工的积极性，用良好的工作氛围、有成长的工作机会等让技术员工发挥其价值；"留"是用薪酬、考核、激励等多个途径，通过事业和情感等多个角度留住关键岗位的技术员工。

（2）SY集团青年技术员工职业发展的现状

一是校园招聘，重点院校的校园招聘由集团总部统一组织宣讲会和招聘会，让有招聘需求的产业集团和企业参与。

二是青年大学生"1+3+5"人才培养项目，该项目把员工从进入公司开始分为"企业认知期—职业选择期—职业发展期"三个阶段，每个阶段制定不同的培养目标，鼓励企业按照"招聘、实习、培养、考核、选拔"等五个模式培养青年技术员工。

三是核心员工管理体系，集团对核心员工重点实施两个倾斜：一是管理资源倾斜，高层管理者定期与核心员工交流，解决其在学习、工作与生活中的问题；二是培训资源倾斜，分层分类策划培训实施计划，做到"系统性规划、制度性安排、针对性培训"。

四是管理培训生计划，管理培训生的标准是来自全国重点高校及科研院所工科专业的，具有丰富的学生社团或社会实践经验、品学兼优的应届硕（博）士毕业生；培养基地为每位管理培训生配备"业务导师"和"职业导师"，培养基地负责实施日常考核与年度考核，集团总部进行走访考察、综合考评。

（3）SY集团员工问卷调研

一是青年技术员工寻求多样化的激励手段。超过半数的技术员工认为，最能激发个体科研创新能力的因素是专业培训、良好的创新氛围、参与重大项目的机会和薪酬水平。相对选择较少的是评定荣誉、股权激励和职位晋升，传统激励因素的效果越来越不明显，员工较为关注工作内容和职业发展前景。

二是直接主管对于员工职业生涯的指导效果有待提升。这不仅反映了直接主管对员工的职业辅导缺乏认识，或者缺少这一方面管理能力的培训；也体现了青年技术员工已经不满足于仅仅获得"做事"的认可，更希望企业能在职业规划上给予关心和引导。

三是社会招聘进入企业的员工更关注个人价值的实现。几乎所有的员工都认为自己在岗位上创造了价值，但是近一半的员工认为自己在融入企业上存在的问题，想融合但遇到阻力或很难融合的员工比例较大。

四是员工对现有的职业发展和晋升机制满意度不高。近四成的员工认为，公司提拔员工的方式不公平，部分企业的选拔任用机制不够透明，缺乏科学的能力评估方法。

（4）SY 集团青年技术员工职业生涯管理主要问题

一是青年技术员工招聘缺乏准确性。招聘主要采用笔试和面试，对于员工个性、价值观、职业兴趣等深层次的特质，凭面试官的经验难以准确判断。如果员工的个人特质与岗位要求不相匹配，又缺乏后续的岗位调整机会，那么无论是企业还是员工个人，在职业生涯管理上都难以取得成功。

二是技术员工培养和储备缺乏规划性。一方面，招聘选拔时间紧迫，对新员工有针对性的培训时间较少。另一方面，集团高端技术人才培养目标难以落到实处，对于学科带头人在哪些企业培养、培养周期长短、如何判断合格等具体要求没有清晰的规划，往往采用分包给企业的做法。同时，技术员工论资排辈现象严重，没有自上而下的整体规划。

三是技术岗位职业生涯通道缺乏互通性。青年技术员工有两种职业路径，分别是技术路线和管理路线。但是就目前的职业规划发展来看，一方面，青年技术员工在选择职业路径上缺乏自主权，更多的情况是，企业将专业能力强的技术员工提拔为技术部门的管理者或者团队的领导者。另一方面，企业选拔和任用技术人才时，没有对该人才的内在特质和职业兴趣进行考察，忽视员工的管理才能和转岗意愿。

四是技术员工缺乏交流和轮岗机制。一方面，由于技术岗位的特殊性，不同岗位对于专业知识背景的要求差异明显，专业技术知识的壁垒给技术岗位的轮岗带来一定的困难。另一方面，企业之间技术交流的机制还没有面向全员，目前主要通过技术研究室开展行业技术的交流研讨，一般的青年技术员工要获得这样的机会非常困难。

5. 实训任务

根据背景资料，请你为 SY 集团青年技术员工的职业生涯管理提出具体可行的优化方案。

6. 实训步骤

（1）课前准备与任务布置：①划分任务小组，组成 SY 集团的人力资源部，一般每组5～7 人。②每组推选一位成员担任组长，即人力资源部经理；小组成员角色扮演和任务分配可自行决定。③指导教师向各组提供实训资料和阅读书目，学生提前熟悉实训任务。

（2）课中讨论与评价：①教师讲解组织职业生涯管理的重点和难点。②各小组根据实训资料进行小组讨论，教师给予必要的指导。③各小组派 1 名代表进行分享演讲，教师和其他小组就相关问题提问。④教师进行点评总结，各小组开展自评、互评。

（3）课后总结与提升：各小组撰写实训报告，并完成拓展阅读。

知识与能力训练

测验题

讨论题

CHAPTER 5

第五章   绩效管理

骏马能历险，力田不如牛。坚车能载重，渡河不如舟。

——清代顾嗣协《杂兴》

⊕ 学习目标

- 熟悉目标管理、标杆超越法、360度考核、OKR等绩效管理工具
- 掌握并运用BSC、KPI等绩效管理工具
- 熟悉绩效管理实施的要点和注意事项
- 掌握绩效管理的程序和实务操作
- 能够根据企业实际开展绩效管理工作

👤 引导案例

绩效管理：海底捞极致服务的指挥棒

海底捞有一套能够激发员工创意、热情和积极性的人力资源体系。海底捞服务的利润链可以形象地理解为"企业对员工好—员工有干劲—员工对客户好—客户体验良好—忠诚顾客再次消费和口碑推广—企业获利"。海底捞对员工实施人性化和亲情化的管理，这种模式实现了员工能力循环、员工满意度循环、顾客忠诚度循环和企业盈利的循环闭合，而绩效管理则是海底捞极致服务的指挥棒。

1. 绩效考核标准

（1）客户体验过程法。海底捞将客户体验设为绩效考核的指标。客户体验是指客人从订餐到就餐到离店这个过程中，他能够体验到的点全部都成为考核指标，如卫生情况、菜

品的质量、上菜速度、结账的速度、服务的响应速度和态度等。

（2）五色卡标准。海底捞把整个过程分为五个颜色卡，红卡是服务，黄卡是出品，白卡是设备，绿卡是食品安全，蓝卡是环境卫生。其中，黄卡、白卡、绿卡、蓝卡的考核内容可被量化，而难以被量化的红卡则用来考核服务的响应速度和态度。服务的速度又分为上菜的速度、买单的速度和处理客人投诉的速度。

（3）门店店长考核标准。门店店长的考核指标体系包括业绩、顾客满意度、员工积极性和后备干部培养。其中，业绩只占考核体系的一部分，后三个指标是考核的重点。对不易评价的考核内容，海底捞有自己的衡量标准。例如，在考核"员工激情"时，总部会不定期对各分店进行检查，看员工的注意力是否放在客人身上，工作热情和服务效率如何，如果员工没有达到要求，总部就会追究店长的责任。同时，门店店长拥有足够的自主权和决策权，总部每个月都会拿出部分利润让给业绩较好的门店，由店长按照门店员工的业绩自主分配奖金。

2. 考核方法

海底捞的考核除了店长评价店员、店长由客户和总部考核外，还多了一个神秘嘉宾考核。海底捞每个月都会在网上招募神秘嘉宾，由神秘嘉宾观察、就餐和撰写分析报告，这种形式一是能保证样本量足够大，二是抽取的分析报告足以令人信服。

考核打分采取的是小区经理考核门店，采用绝对值判断，分为 A、B、C 三个等级。

3. 应用考核结果

（1）和员工及时沟通绩效结果，特别是对考核结果不认同的员工，海底捞会把绩效沟通列为管理者对员工的培训课程。

（2）考核结果和薪酬管理、员工晋升相对应。一是提高薪酬管理的效率。由于每家门店店长水平参差不齐，定员人员编制很难准确，再加上每家门店的位置、大小也不一样，所以海底捞实行计件工资，按照工作量拿工资。同时，海底捞实行师徒制，店长的薪酬体系是基本工资加分红，再加上徒弟店的分红，店长带的徒弟越多，他的收入就越高。二是升迁制度与时俱进。海底捞实行多重职业发展路径，任何新来的员工都有三条不同的晋升途径可以选择，学历和工龄不是晋升的必要条件。针对"90"后和"00"后员工，还调整了管理制度。①所有的员工都可以申请到其他部门去工作，只要员工申请，对方部门领导接收，原部门将无条件放人。②员工休假，只要员工在前一天晚上 10 点前提出第二天的休假申请，会尽可能满足其要求。③亲情化管理，包括关注员工餐、住宿环境，关怀生病员工，组织员工日常活动，双职工住宿安排，关心员工的情感婚姻，邀请优秀员工的父母到企业参观，关注留守儿童，设立救助基金，给予员工父母生活补贴及其子女教育补贴等。

（资料来源：唐贵瑶，魏立群. 战略人力资源管理 [M]. 北京：机械工业出版社，2018：183-184；刘昕. 人力资源管理 [M].4 版. 北京：中国人民大学出版社，2020：33-35.）

5.1 绩效管理工具

5.1.1 目标管理

美国管理学家彼得·德鲁克（Peter Drucker）于 1954 年在其著作《管理的实践》中最先提出了目标管理（management by objectives，MBO）的概念。德鲁克主张"企业的使命和任务，必须转化为目标"，管理者对下级应该通过目标进行管理，首先是分解组织目标转化为部门目标和个人目标，再根据目标完成情况考核下级。目标管理在实际操作过程中，应该重点把握以下几个方面的实施要点。

走近 HR：绩效管理的内涵和作用

1. 必须在组织目标确定的基础上做好目标的层层分解

要特别注意的是，无论是组织目标还是部门目标或者是个人目标，其制定和分解的前提必须是上级和下级协商确定，或者说至少要充分沟通。另外，先要从企业的战略目标出发制定企业目标，然后在确保企业目标顺利实现的前提下制定各部门、各岗位的目标。

2. 必须确定关键目标和重点目标

在目标分解的过程中，要注意确定的部门目标和岗位目标是少数几个重大目标，而不是一般目标；是对实现组织目标最有价值的目标，而不是已失去价值的目标；是能够量化的目标，而不是定性的目标；是具体的目标，而不是具体的措施。

3. 必须有确保目标达成的相应支撑体系

具体要考虑的是，谁来实现目标？何时实现目标？实现目标应该采取的措施、方法有哪些？实现目标应该给予什么样的资源配备？实现目标后如何进行相应的激励？并依据这些问题的解决形成相应的支撑体系。员工目标管理考核评价如表 5-1 所示。

表 5-1 员工目标管理考核评价

部门：_____ 员工：_____ 岗位：_____ 考核期：____ 年 __ 月 __ 日至 ____ 年 __ 月 __ 日					
主要绩效目标与评价					
序号	绩效目标	权重 /%	完成期限	考核标准	实际完成情况	评分
1						
2						
重大贡献或者重大失误加减分					
序号	典型事例说明		加（减）分		备注
1					
2					
总分：					

续表

绩效改进		
序号	有待改进之处	改进和提高的措施	考核期
1			
2			

考核人：_____　　　　　　被考核人：_____

　　　____ 年 __ 月 __ 日　　　　　　　　　____ 年 __ 月 __ 日

5.1.2　标杆超越法

标杆超越法又称标杆管理法。标杆指的是学习和对标的企业在产品、服务、管理、运营等诸多方面的最佳实践或最佳标准。学习和对标的企业可以是不同行业的企业，并不局限于同一行业或同一产业的企业。首创标杆超越法的美国施乐公司将该工具定义为："一个将产品、服务和实践与最强大的竞争对手或者行业领导者相比较的持续流程。"目前，标杆超越法已经被企业广泛认同，成为获得竞争优势、改进经营绩效、激发经营者工作动力的一种重要工具。然而，该方法也有其局限性，如果企业一味地强调模仿和超越，就会使企业失去经营特色。

标杆超越法的操作流程可分为发现瓶颈、选择标杆、收集数据、比较分析确定绩效标准、沟通交流和采取行动六个步骤，六个步骤中需要重点掌握第一和第二个步骤。

1. 发现瓶颈

全面了解自身企业，明确在产品、服务、运营、管理、流程等方面的内容，这是实施标杆超越法的前提。因此，在发现瓶颈这一阶段，企业应全面了解自身现状，如详细了解关键业务流程与管理策略，从业务流程的关键节点出发，找出企业运营的瓶颈，确认企业学习和超越的内容和领域。通常来说，对企业战略目标的实现最关键的一个环节是标杆超越要选择的内容。

2. 选择标杆

在发现瓶颈、确定标杆超越的内容和领域后，下一步就要选择标杆以确定比较目标。这里的标杆可以是本企业的最佳部门，也可以是竞争对手或者全社会的最佳企业。一般来说，标杆的选择有两个标准：第一，标杆企业要有卓越的业绩，是具有最佳实践、最佳标准的企业；第二，标杆企业的业务领域和自身企业要超越的领域具有相似性和可比性。比如，华为公司在业务流程管理方面选择IBM公司作为学习标杆，在管理者培养方面选择通用电气公司作为学习标杆。

5.1.3　全方位考核法

全方位考核法是指通过上级、下属、同事、客户、员工自身等考核者，对被考核者进行的全方位考核。作为一种常见的绩效管理工具和方法，全方位考核法的操作流程包括以下三个阶段。

1. 准备阶段

准备阶段的工作直接影响绩效评价的顺利进行和评价结果的有效性。准备阶段要做好宣传工作，使员工能理解全方位考核法实施的目的、作用，尤其要让员工了解全方位考核法实施的步骤和注意事项。

2. 评价阶段

评价阶段要组建绩效评价队伍，对评价者进行绩效评价技术培训，确定评价指标、权重，设定绩效标准，统计评分数据并报告结果。

3. 反馈和辅导阶段

由于全方位考核法的评价主体有上级、下属、同事、客户和员工，因此通过多元主体的反馈信息能让被考核者全面了解自身工作中好与不好的方面，有利于下一阶段的重点工作开展和绩效改善。

传统绩效评价方法以上级考核下属为主，全方位考核法扩大了评价者主体的范围。其优点体现在：一是让被考核者不仅关注业绩指标，也关注品德、管理能力等与个人发展相关的绩效指标。二是考核主体的多元化，这在一定程度上避免考核者的主观性评价，有利于保证绩效考核的公平性和准确性。然而，全方位考核法也存在一定的局限性，它并非适用于所有企业。比如，考核成本高，工作开展的难度较大。该方法要求企业具备战略稳定、组织架构稳定和人员稳定的前提条件，主要适用于协作性和流程性较强的组织，适用于评价中层干部和职能服务部门，也适用于员工能力素质的培养。

5.1.4 平衡计分卡

平衡计分卡（balanced scorecard，BSC）于 20 世纪 90 年代初由哈佛商学院的罗伯特·卡普兰（Robert Kaplan）和美国复兴全球战略集团创始人兼总裁戴维·诺顿（David Norton）提出，是对未来企业价值进行衡量的方法。BSC被《哈佛商业评论》（*Harvard Business Review*）称为 70 年来最伟大的管理工具，同样也是目前企业绩效管理中使用较多的绩效管理工具。在实际操作过程中，应该重点把握以下几个方面的实施要点。

微课：平衡计分卡

1. 明晰企业的使命、价值观和愿景

成功企业的经验证明，企业要想做强做大，必须有明晰的使命、价值观和愿景。对使命、价值观和愿景必须虚实结合地做，要让使命、价值观和愿景成为企业真正发展的动力。

2. 绘制好企业的战略地图

战略地图是平衡计分卡的本源，平衡计分卡将战略地图上的战略目标转化为一套全方位的绩效量度指标，以考察战略执行情况。所以，平衡计分卡其实就是企业战略地图的执行工具。如果没有绘制好战略地图，那么实施平衡计分卡基本上是不可能的。

3. 理解平衡计分卡的总体思考路径

平衡计分卡有四个层面：第一个是财务层面，这个层面强调的是股东价值的实现，通常表现为利润增长等财务数据。第二个是客户层面，强调企业如何满足客户需求，从而带来业务收入。第三个是内部流程层面，强调内部流程如何完善才能保障服务客户、满足客户需求的能力。第四个是学习与成长层面，强调人力资本如何提升才能保障上述三个层面的实现，以及信息资本、组织氛围如何改善以支持战略目标的实现。因此，平衡计分卡的四个层面从总体思考路径上来说，从上往下是层层引导的关系，而从下往上则是层层支撑的关系。

4. 实现平衡计分卡四个层面的价值平衡

平衡计分卡的四个层面分别体现出不同群体的价值诉求，描绘的是企业总体形态的价值平衡关系。财务层面主要体现的是股东群体的价值诉求，客户层面主要体现的是利益相关者群体的价值诉求，内部流程层面主要体现的是精英团队群体的价值诉求，学习与成长层面主要体现的是内部员工群体的价值诉求。因此，平衡计分卡的"平衡"是指要尽量达到不同群体的价值诉求的平衡。

平衡计分卡常见的考核指标如表 5-2 所示。

表 5-2 平衡计分卡常见的考核指标

项目	常见指标名称	考核目的
财务层面	净资产利润率	评价公司权益资本的获利能力，为股东带来更大的投资回报
	利润率	评价公司的收益能力及市场表现
	销售收入	评价公司的收入规模及增长速度，实现公司业务的合理增长
	净现金流量	评价公司的获利质量和持续经营能力，降低公司经营风险
客户层面	客户满意度	综合评价公司在为客户提供产品和服务过程中的综合表现
	产品质量投诉次数	评价公司为客户提供产品的质量控制效果
	验收合格率	评价产品和服务质量满足客户的比率
内部流程层面	管理制度规范性	公司各项管理是否科学规范
	流程执行结果	评价公司新的流程制度的执行效果
学习与成长层面	关键人才培养计划完成率	评价公司范围内各部门培养关键人才的情况
	内部培训落实率	公司内部培训计划落实比率
	外部培训落实率	从外部引入培训计划的落实比率

5.1.5 关键绩效指标

关键绩效指标（key performance indicator，KPI）是用来衡量某一组织或岗位工作绩效表现的具体量化指标，是对工作完成效果的最直接的衡量方式，是目前企业绩效管理中使用较多的绩效管理工具。在实际操作过程中，应该重点把握以下几个方面的实施要点。

微课：关键
绩效指标

1.确定各级关键绩效指标

在明确企业战略目标的基础上，利用企业成功路径图，采用头脑风暴法和鱼骨分析法找出企业的工作重点，再找出这些工作领域的关键绩效指标，即企业级KPI。各部门根据企业级KPI，运用同样方法或者标杆超越法和同行参照法等，分析绩效驱动因素（技术、组织、人），确定实现目标的工作流程和部门级KPI。然后，各部门再将部门KPI进一步细分为各岗位的业绩衡量指标，最后确定岗位KPI。

2.确定指标评价标准及权重

准确定义KPI的标准是数据定义无歧义、公式表述正确、员工达成共识和理解。要确定指标权重，必须做到对战略重要性高的权重高、对公司目标支持性高的权重高、综合性强的指标权重高。权重分配在同级别及同岗位之间的应该保持一致性，每个指标的权重一般不超过30%且不低于5%。

3.确定关键绩效指标评分标准

在确定关键绩效指标评分标准时，建议采用三个等级的标准，分别是最低值、目标值、挑战值。最低值为该项指标完成的最低要求，实际完成情况若刚好为最低值，则该项得分为0分；目标值为该项指标所能达到的正常业绩，实际完成情况刚好为目标值时，则该项得分为100分；挑战值为该项指标所能达到的最佳业绩，实际完成情况若刚好为挑战值时，则该项得分为120分。每项指标最高得分为120分，最低得分为0分。在进行扣分时，一般情况下，实际完成情况低于最低值，则直接按0分计算。

4.确定数据来源部门和审核部门

确定关键绩效指标数据来源和审核部门的一个总原则是采用第三方数据。比如，考核销售部门的业绩，应该由财务部提供审核数据；考核生产部的质量问题，应该由质检部提供审核数据。另外，各数据提供部门需要根据考核指标的要求建立数据统计表，及时提供考核数据。同时，数据提供和审核部门都需要签字确认。

表5-3是某公司基于平衡计分卡的关键绩效指标体系，供大家学习参考。

表5-3 基于平衡计分卡的关键绩效指标体系

指标维度	指标名称	权重	与公司KPI是否相关	数据来源
财务	各类实际发生费用与预算的差异率	20%	是	财务报表
客户	客户满意度	10%	是	满意度调查表
内部流程	总经理满意度	30%	是	总经理评估
	重大工作推进及工作报告及时性	20%	是	绩效管理委员会通过审核工作记录评定
学习与成长	员工满意度	10%	是	员工满意度调查表
	人均培训时间	10%	是	部门培训记录表

5.1.6　目标与关键成果

目标与关键成果(objectives and key results，OKR)是一种通过设定企业、团队、员工三个层面的绩效目标并不断保持沟通的管理工具，是用绩效结果衡量绩效过程的方法。其中，O是指目标，主要回答的是"我们想做什么"的问题，是对组织定性追求的描述；KR是指关键成果，主要回答的是"我们如何确保目标已达成"的问题，是用于衡量目标达成情况的定量描述。在实际操作过程中，应该重点把握以下几个方面的实施要点。

1. 目标的确定强调员工自下而上

OKR要求目标是一个季度内的定性目标，也就是说，目标的设定周期是以季度为单位，要求通过描述性语言进行表述。由于OKR更强调基层员工的创造力，所以目标必须是在管理者与员工充分沟通后达成的共识，而不是管理者单方面制定或直接下达任务的结果。从这个角度来说，OKR中目标的确定更强调"自下而上"的过程。

2. 关键结果的实现强调管理者自我控制

关键结果的实现，是建立在各级管理者高素质、高度自觉努力去实现目标的基础之上。这一点源于德鲁克的目标管理理论，该理论认为，目标管理应该"用自我控制的管理方式来取代强制式的管理"，目标管理的测评结果"应该直接提供给管理者本人，而非其上司，因为这类信息是管理者自我控制的工具，而不是上级控制下属的工具"。因此，企业推行OKR要求管理者具备共赢理念，真正做到"自我控制"，对自己目标管理的测评结果负责。

3. 做好让每位员工觉得自己很重要的准备

OKR的本质是以人为本赋能管理的一种应用，确保企业的每位员工都能展示自己不同的价值，让员工感受到参与目标制定并实现目标的成就感，从而为实现更高层次的目标做贡献。因此，企业要重视员工对绩效管理的参与度，做好"让每位员工觉得自己很重要"的准备。比如，在关键成果确定过程中，上级只需告诉员工目标(员工也可以主动查阅上级的目标)，员工在知道目标后，可以根据自己的分析和对信息的掌握情况，自行列出实现目标的措施和方法，并与上级或同事进行讨论，最后形成达成目标的关键成果。

5.2　绩效管理的实施

5.2.1　业务部门关键绩效指标的确定

业务部门关键绩效指标的确定是绩效管理中的一个痛点，我们有时候无法深入了解企业的主营业务，或者对企业主营业务的目标值、关键技术值、关键操作流程等都知之甚少，这必然会增加业务部门对关键绩效指标确定的难度。那么，在实践操作中，应该如何解决这个难题呢？

走近HR：绩效管理常见问题

1. 选择对标企业

选择对标企业，就是对标同行业的目标值、关键技术参数、关键操作流程等，设计符合自己企业的关键绩效指标。对标的最大优点是，关键绩效指标的设计具有参考性，有较好的说服力；最大的缺点是，企业的实际情况各不相同，简单对标会造成业务部门的抵触情绪；最大的难度是，对标企业的选择和对标企业的指标获取。

2. 参考历史数据

如果对标不可行，但企业主营业务经营已有一定年限，且业务相对稳定，则可以参考历史数据来确定业务部门的关键绩效指标。参考历史数据的优点是，符合企业实际，业务部门比较容易接受；最大的缺点是，对标企业自身，无法实现跨越式发展；最大的困难是，难以确定关键绩效指标与历史数据之间的差距幅度。

3. 业务部门自提

如果对标不可行、参考历史数据不可取，那么只能采取让业务部门根据部门职责、关键业务流程，提出部门的关键绩效指标的办法。业务部门自提的优点是，各目标值具有可操作性；最大的缺点是，各目标值的确定会过于保守、容易达成；最大的难度是，业务部门负责人的自我挑战精神的激发。

确定业务部门的关键绩效指标，也可以综合运用以上三种方法。某公司市场部的关键绩效指标量表如表 5-4 所示。根据部门量表，通过与员工讨论，可以确定市场部门各个岗位的关键绩效指标量表。

表 5-4　市场部的关键绩效指标量表

指标类别	关键绩效考核指标
财务类	部门费用预算达成率
	成本控制
客户类	市场占有率
	品牌认知度
	关键客户保有量
	新客户开发率
内部运营类	销售增长率
	成品库存周转率
学习与发展类	关键员工流失率
	业务人员培训率

5.2.2　SMART 原则的运用

SMART 原则是由 5 个英语单词的第一个字母组成，代表的意思分别为：具体的（specific）、可衡量的（measurable）、可达到的（attainable）、相关联的（relevant）及有时间期限的（time-bound）。在实际运用中，需要关注 SMART 原则运用的适宜性，应该把握好以下几个方面的实施要点。

1. 避免目标缺乏挑战性

如果严格按照 SMART 原则确定目标，那么目标必须是具体的、可衡量的、可达到的、相关联的、有时间限制的，并且，我们发现制定出来的目标必然是比较保守的目标。这样的目标也许对一些传统成熟企业有用，但对一些互联网高科技企业、对一些渴望跨越式发展的企业来说，符合 SMART 原则的目标明显不具有挑战性，僵化固守的目标会让这些企业失去快速发展的机遇。

2. 避免目标缺少灵活性

动荡变化的市场环境要求企业能及时调整绩效目标，而 SMART 原则强调的是具体的、可达到的、有时间限制的等原则，会让企业目标缺乏灵活快速反应的调整能力，从而造成企业目标的不科学性和不可操作性。

3. 避免增加标准制定的难度

管理实践证明，任何绝对化的理论都是不可取的。在绩效标准的制定上，我们通常的观点是能够量化的必须量化，不能量化的也最好采用量化的形式。这种观点主要强调绩效标准的可衡量性，但过分强调绩效标准的可衡量性，必然会增加绩效标准制定的难度。

5.2.3 流程再造与关键绩效指标的关系

流程再造是由美国的管理学家迈克尔·哈默（Michael Hammer）和詹姆斯·钱皮（James Champy）提出的。流程再造打破了企业按照职能设置部门的管理方式，通过以顾客满意度为核心的业务流程重新设计管理过程，追求的是企业整体的最优而非个别部门或某一作业流程的最优。在企业管理实践中，流程再造与关键绩效指标的关系，主要体现在以下几个方面。

1. 两者的前提都需要明晰企业战略和关键成功要素

流程再造的最终目的是建立和优化流程体系，基本思路是从企业战略、业务模式、典型问题出发，在分析企业成功要素的基础上确定关键流程，对流程进行分层分类，明晰流程范围、流程之间的接口及逻辑关系，最终建立流程管理体系。关键绩效指标的最终目的是建立关键绩效指标体系和衡量标准，基本思路是从企业战略、经营目标出发，在分析企业成功要素的基础上，确定具体量化的关键绩效指标，明晰绩效指标的衡量标准，最终建立基于关键绩效指标体系的绩效管理制度。可见，两者的出发点都是与企业战略、关键成功要素密切联系在一起的。

2. 流程再造体系的关键点需要关键绩效指标来衡量

流程再造是对企业整体业务流程的梳理，是对企业业务所有流程进行重新设计、绘制工作流程图，以确保工作流程顺畅的管理方法。但流程再造只是重新设计了完成业务所要达到的所有通畅线路，最佳流程设计只有按照流程去做，才能够达到预期的效果。但如何才能知道所有员工都能严格按照流程图来操作呢？可以通过把控流程图中的所有关键点，以知晓员工的工作情况，而对这些关键点的把控，只有通过提取关键绩效指标来进行考核才能完成。因此，实施流程再造必须和设计关键绩效指标联系在一起，只有这样才能确保流程再造实施的效果。

3. 关键绩效指标体系的设计与实施需要把控好关键流程

关键绩效指标，一方面来自组织目标、部门职责和职位说明书，另一方面来自完成以上职责和任务的关键流程中的关键点。也就是说，关键绩效指标的提取是与关键流程实施中的把控点分不开的。此外，实施关键绩效指标的缺点之一是，过分关注业绩导向，忽视了过程管理。要突破关键绩效指标这个局限性最好的办法就是，加大对关键流程的管理，从而实现过程管理和结果管理的统一，最终达到绩效管理的预期效果。

4. 流程再造和关键绩效指标具有互补性

流程再造和关键绩效指标都是从组织架构入手，梳理部门职责和职位说明书，在操作程序上基本是没有区别的。流程再造的缺点是，描绘了实现业务增长的操作图，但这个操作图必须由一系列的关键点把控才能实现，即需要借助关键绩效指标的考核。而关键绩效指标只关注了关键点结果必须实现，但能否真正实现，需要流程再造对过程的把控才能确保完成。从这个角度来说，流程再造和关键绩效指标的主要区别是关注管理过程还是关注管理结果的问题，两者在本质上具有互补性。

5.2.4　责任落实是绩效管理落地的关键

绩效管理是一个封闭的生态系统，要让绩效管理系统真正落地，还必须正确认识绩效管理系统的责任体系，做到绩效管理的各个环节分工明确、责任清晰、责任到人，即全面实施绩效管理责任制。

1. 全面构建绩效管理责任体系

绩效管理责任体系的构建要体现在企业各层级目标的分解和承接上。这里强调两层意思：一是在目标的分解上，企业各层级都应该承担起目标分解的责任；二是在目标的承接上，企业各层级都要负起相应的直接责任。具体如图 5-1 所示。

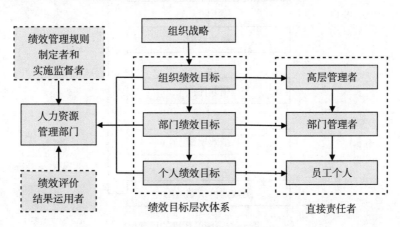

图 5-1　绩效管理的责任体系

2. 全面落实绩效管理五个环节责任制

根据已经构建的绩效管理责任体系，在绩效管理的绩效计划、绩效监控、绩效评价、绩效反馈和绩效评价结果运用五个环节，在组织、部门和个人三个层面全面落实责任制，确保绩效管理每个环节都能落实到位。

3. 全面签订绩效管理落地责任书

在全面落实绩效管理五个环节责任制的基础上，同各个层面的责任人签订绩效管理落地责任书，明确在绩效管理五个环节上应该承担的责任，责任书要有具体承担的责任、完成时间等具体内容。绩效管理责任书强调绩效管理系统实施运行中各个层级应该承担的责任，其目的是保证绩效管理系统运行良好，保证绩效管理协议书中各项指标的最终达成。

4. 全面实行绩效管理落地追责制

根据绩效管理责任书，对照绩效管理责任书中的责任内容，对绩效管理落地情况进行追责，杜绝绩效管理责任制中的各种应付现象、表面现象和形式主义，让绩效管理责任制起到应有的作用。只有责任落实到位，才能让绩效管理方案落地生根。

5.3 绩效管理实务操作流程

5.3.1 绩效管理的程序

绩效管理是一个完整的系统，这一系统由绩效计划、绩效监控、绩效评价、绩效反馈、绩效评价结果运用等五个环节组成，如图 5-2 所示。五个环节构成一个封闭的绩效管理周期性的循环，各环节紧密联系，通过有效整合保证绩效管理最终目的的实现。

走近 HR：绩效管理系统

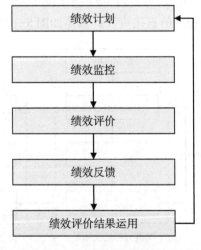

图 5-2 绩效管理的程序

5.3.2　绩效计划

绩效计划是绩效管理流程中的第一个环节，也是绩效管理系统的起点。企业战略要落地，须先将组织战略分解为具体的目标或任务，落实到各个岗位上；再对各个岗位进行工作分析、岗位分析、人员任职条件分析。这些步骤完成之后，管理者和员工通过绩效面谈，明确在绩效管理周期内员工应该做什么、做到什么程度、如何做，以及员工责任权限；最后签订个人绩效承诺。在这一阶段，管理者和员工持续的沟通和共同的参与是制订绩效计划的前提。绩效计划通常由人力资源部、员工直接上级和员工本人共同协作完成，各主体的职责和作用如表5-5所示。

表5-5　绩效计划各主体的职责和作用

绩效计划主体	职责	作用
人力资源部	宣传组织战略与企业文化，组建绩效管理班子；制定绩效管理制度，明确不同系列员工的绩效考核内容；做好以管理者为主的绩效计划培训，解决绩效计划中的问题	从制度和组织上保证绩效计划的实施；从方法和技能上促进绩效计划的有效达成，促成组织战略目标的实现
直接上级	宣传组织战略和分解组织目标；分解部门或团队任务，引导并推动员工确立科学、合理的绩效目标，设定可行的绩效考核标准；与下属员工共同制订员工绩效计划	从等级权力和个人权威的角度促进科学合理的绩效计划的制订；提高员工参与绩效计划的积极性和责任心
员工	了解组织战略目标，并考虑如何实现组织战略目标；结合组织、部门或团队目标和个人实际情况确定个人绩效目标；拟定个人绩效计划，提出疑问，探讨措施	使绩效计划更具操作性和可行性；员工参与能极大地提高绩效计划的认同感，从而增强计划的执行力

（资料来源：张进，韩夏筱.绩效评估与管理[M].北京：中国轻工业出版社，2009：52.）

作为成功的绩效计划，在绩效计划结束时，应看到如下的结果。

（1）员工的工作目标与公司的总体目标紧密相连，并且让员工清楚地知道自己的工作目标和组织的整体目标之间的关系。

（2）员工的工作职责和描述已经按照现有的组织环境进行了修改，可以反映本绩效期内主要的工作内容。

（3）管理者和员工对员工的主要工作任务、各项工作任务的重要程度、完成任务的标准、员工在完成任务过程中享有的权限都已达成了共识。

（4）管理者和员工都十分清楚在达成工作目标的过程中可能会遇到的困难和障碍，并且明确经理人员所能提供的支持和帮助。

（5）形成了员工个人绩效承诺表，个人绩效承诺强调的是绩效计划的参与和承诺。员工绩效计划和评价如表5-6所示。

表5-6　员工绩效计划和评价

部门：_____　姓名：_____　岗位：_____　考核期：____ 年 __ 月 __ 日至 ____ 年 __ 月 __ 日

第一部分　重点工作目标（权重, ___ %）				
工作目标	标准分	衡量标准	完成情况	完成结果评分
得分小计				

第二部分　岗位 KPI（权重, ___ %）				
KPI/ 重点工作	标准分	衡量标准	完成情况	完成结果评分
得分小计				
绩效考核评分		备注		
综合评价意见				

考核人：_____　　　　　　被考核人：_____
____ 年 __ 月 __ 日　　　　　　_____ 年 __ 月 __ 日

5.3.3　绩效监控

1. 管理者绩效监控的任务

在绩效计划实施过程中，管理者要和员工进行持续的绩效沟通，并对员工的工作进行指导和监督，发现的问题应及时解决，根据实际情况随时对绩效计划做出调整。在这一阶段，管理者要承担起两项任务：一是采取有效的管理方式监控员工的行为和绩效目标实施情况，通过持续的绩效沟通和辅导，了解下属的工作需求并向员工提供必要的工作指导；二是记录工作过程中的关键事件或绩效信息，为绩效评价提供信息支持。从绩效监控的手段看，管理者和下属的双向沟通是实现监控目的的重要手段，能保证管理者和员工共同努力、及时处理出现的问题、修订工作职责、确保绩效目标顺利达成。管理者与员工之间绩效沟通的内容主要包括以下几个方面。

（1）工作的进展情况如何？

（2）员工和团队是否在正确达成目标和绩效标准的轨道上运行？

（3）如果有偏离方向的趋势，应该采取什么样的行动扭转局面？

（4）哪些方面的工作进行得好？

（5）哪些方面的工作遇到了困难？

（6）面对目前的困境，要对工作目标和达成目标的行动做出哪些调整？

（7）管理者可以采取哪些行动来支持员工达成目标？

2. 绩效沟通的方式

具体来说，绩效沟通包括正式沟通和非正式沟通两种方式。正式的沟通方式包括书面报告、一对一面谈沟通、会议沟通三种方式；非正式沟通的方式包括走动式管理、开放式办公、非正式会议、非正式交流四种方式。每种沟通方式各有其优缺点，都有其适合的场景和管理习惯，没有绝对的优劣之分。不同沟通方式及其运用时的注意事项如表5-7所示。

表5-7 不同沟通方式及其运用时的注意事项

沟通方式	运用时的注意事项
书面报告	将书面报告与面谈、会议或电话等口头沟通方式相结合，变单向沟通为双向沟通；简化文字，只保留必要的报告内容；充分利用网络办公，提高效率和实时性；考核人对被考核人应给予及时反馈
一对一面谈沟通	掌握沟通时机，最好是在员工最需要帮助和辅导时；双向沟通时，多让员工谈想法和做法；及时纠正员工的错误行为和做法
会议沟通	针对具体和需解决的问题；合理安排时间；注意会议的主题、数量和频率；形成开放的会议沟通气氛
走动式管理	不要过多地干涉员工的具体工作行为
开放式办公	形成良好的沟通氛围，注重员工的主动沟通
非正式会议	形成轻松的沟通氛围，让员工多主动提问
非正式交流	不要过多谈论比较严肃的工作问题，尽量让员工主动交流

5.3.4 绩效评价

绩效评价又称为绩效考核，是绩效管理流程中的第三个环节，也是最核心、技术性最强的环节。在这一阶段，管理者要按照绩效计划确定的员工工作目标及评价标准，考核评价员工的绩效完成情况。其中，绩效评价方法的选择是该阶段工作的重点和难点，正确的绩效评价方法对得到公正、客观的评价结果有着重要的意义，常用的绩效评价方法及其优缺点如表5-8所示。企业可以根据实际情况，选择合适的方法并加以综合运用。

工具：绩效考核实施细则

表5-8 常用的绩效评价方法及其优缺点

方法	优点	缺点
图尺度评价法	使用起来比较简单，能为每位员工提供一种可量化的绩效评价结果	绩效评价标准可能不够清楚；晕轮效应、居中趋势、宽松倾向和评价者个人偏见等问题都有可能发生
交替排序法	便于使用，能够避免分布误差	可能引起员工的不同意见，而且当所有员工的绩效事实上都比较接近时，会出现不公平现象
配对比较法	可以用于区分不同个体的工作绩效，得到较准确的评价等级	比较耗时，当被评价者数量较多时，实际操作的工作量很大
强制分布法	在每一个绩效等级中都会有预定数量的人数，可以避免分布误差	评价结果取决于最初确定的分布比例，可能与实际的绩效分布状况不符
关键事件法	有助于确认员工的"正确"绩效和"错误"绩效；确保管理者是对员工的当前绩效进行评价	难以对员工之间的相对绩效进行评价或排序；记录关键事件需要管理者在平时多花些时间

续表

方法	优点	缺点
行为锚定等级评价法	能为评价者提供一种"行为锚"，评价结果精确	工具设计比较困难，定位于行为而非结果
目标考评法	有利于评价者与被评价者对工作绩效目标的认同	实施过程中耗费时间多
评语法	操作简便灵活	主观性强，受评价者写作能力的影响；不便于员工之间比较

（资料来源：颜爱民，方勤敏.人力资源管理[M].3版.北京：北京大学出版社，2018：262.）

绩效评价可以根据企业具体情况和实际需要进行月考核、季考核、半年考核和年度考核。员工绩效包括工作行为和工作结果，因此对员工的绩效评价就包括这两个方面的考核评价。其中，工作行为考核是针对员工在绩效周期内表现出来的具体的行为态度进行评价，工作结果考核是对考核期内员工工作目标的实现程度的测量和评价。

工具：考核表示例

5.3.5 绩效反馈

绩效反馈是绩效管理的一个重要环节，也是促使员工在下一个考核周期做出优秀绩效的重要条件之一。管理者将员工的绩效评价情况反馈给员工个人，以帮助员工了解绩效完成情况，了解个人的岗位胜任力与岗位要求之间的差距，在此基础上能有针对性地实现下一步的绩效改进。

1. 绩效反馈的方式

常用的绩效反馈方式包括绩效沟通、绩效面谈、系统反馈、绩效榜单。绩效反馈方式的运用及其优点如表5-9所示。随着信息技术的发展，企业在绩效管理中应重视绩效管理信息系统的建设，通过借助信息化工具提升绩效反馈效率，员工可随时随地了解企业绩效和个人绩效情况。

表5-9　绩效反馈方式的运用及其优点

绩效反馈方式	运用侧重点	优点
绩效沟通	在工作过程中就某个具体目标、事件或困难等进行直接沟通并反馈	即时性较强，不拘泥于形式
绩效面谈	周期性、面对面地就本周期整体绩效情况进行专门谈话	较为正式
系统反馈	通过企业办公系统、ERP系统或专门的绩效管理信息系统，以文字、评分、等级等方式对员工绩效完成情况进行反馈	便捷明确
绩效榜单	就某阶段的绩效成果，以纸质榜单的形式张贴在会议室、楼道等公共场所，对优秀员工或成果进行反馈和激励	有利于塑造企业的积极文化氛围

2. 绩效反馈面谈

在绩效评价结束后，管理者需要与员工进行一次甚至多次面对面的交谈，帮助员工认识自身存在的不足、了解上级的期望、明确绩效改进的内容和方法；员工也可以在面谈中提出工作的困难和问题，请求上级的帮助、理解和支持。为了提高绩效反馈的有效性，管理者在绩效反馈面谈中应注意以下事项。

（1）做好绩效反馈面谈的准备工作

面谈者应提前了解员工各方面的情况，包括教育背景、工作经历、性格特点、岗位职责和业绩情况等；列出面谈的内容、顺序、时间安排，面谈者应提前参加培训，掌握相关技巧；确定合适的时间和地点，面谈时间最好由双方沟通商定，地点的选择最好是不被电话和访客打扰的场所。

（2）绩效反馈的重点在于提出改进计划

在反馈过程中，面谈者很容易出现"对人不对事"的情形，如"你的工作态度非常不好""你这个人太固执"这样的话语，这些负面反馈只会让员工抵触进一步的沟通。绩效反馈的目的是让员工知道不足，了解绩效不佳的原因并加以改进。因此，反馈时面谈者应指出具体的问题，和员工一起分析造成这些问题的原因，并帮助员工制定具体的绩效改善目标和行动方案。

（3）注意倾听员工的想法，多肯定、慎批评

绩效反馈是双向的沟通，面谈者应多鼓励员工参与，调动员工发言和提问的主动性，在倾听中给予员工积极回应，不要轻易打断、急于反驳，更不要一味地批评和指责员工。

表5-10是员工绩效反馈面谈模板实例，供大家学习参考。

表5-10　绩效反馈面谈模板

绩效考评期：＿＿＿年＿月＿日至＿＿＿年＿月＿日
绩效面谈日期：＿＿＿年＿月＿日　　面谈主管：＿＿＿＿＿＿

部门		姓名		岗位	
第一部分：年度绩效沟通					
主要成绩/进步（业绩、能力、态度）	员工在这一年中所取得的成绩：包括量化指标说明的业绩，以及不能量化的工作贡献；能力、态度方面可通过具体事例说明	要达到的目的：让员工有信心在下一阶段实现更好的绩效	绩效反馈的效果：要说明员工信心是否被激发		
有待改进的方面（业绩、能力、态度）	在这一年的工作中存在的不足：包括量化指标说明的业绩，以及不能量化的工作贡献；能力、态度方面可通过具体事例说明	要达到的目的：让员工明白自身存在的不足	绩效反馈的效果：要说明员工认同的程度		
培训建议	结合员工认为自己需要加强的培训和上级对员工的培训建议来进行沟通				
下一阶段工作期望调整（任务、指标、需求）	肯定员工的优点和潜力，以及这种优点和潜力对履行好职责所起到的作用，激励员工在下一年确立更高的目标要求； 如果绩效评价低的员工，可与其一起分析原因，并根据他的实际情况适当调整任务指标，不要给其造成过大的心理压力，形成负面效果； 询问员工在工作和学习上的要求，以及希望给予的建议、承诺，让员工有完成更高目标的信心和热情 （注意：不要给予不切实际的承诺，承诺的事情事后一定要兑现）				

续表

工作意向调整	是否变动	□不变动　　　　□变动：_____	
	1～2 年内，希望发展的方向	询问员工近 2 年内的工作规划，同时征求员工对部门工作开展、部门业绩提升的建议；让员工感受到被尊重，同时获得好的建议	
职业生涯规划建议	员工说明职业生涯发展方向或培训需求，以及对管理工作的建议；上级肯定员工的成绩，说明员工的发展潜力，以及其努力方向；上级给予员工职业发展建议		
最终考评结果	分数	等级	
员工对考核结果的意见	□满意　　　　□基本满意　　　　□不满意		
	具体意见：注意聆听技巧，记录员工的不同意见并及时给予反馈		

第二部分：C、D 级员工绩效改进计划

（C、D 级员工为不符合现岗位要求的员工，必须制订及完成以下绩效改进计划，也包括能力、态度）

改进事项（要有具体 / 可执行 / 可评价的目标和任务，以保证业绩的切实改进）		完成标准	时限
1	结合前面的内容探讨问题产生的原因，从有共识的地方开始谈起，注意不要形成对峙的局面；		
2			
3	关注绩效标准及相关绩效事实，对事不对人；		
4	考虑改进计划的可执行性		

　　员工声明：本人同意按照以上设定的改进事项 / 任务 / 目标严格执行，并以完成结果作为未来绩效评价的主要参考依据。

员工签字：_____ （重申下一阶段考评内容和目标，之后让员工确认后签字） 　　　　年 __ 月 __ 日	主管签字：_____ （面谈结束，给员工鼓励并表达谢意） 　　　　年 __ 月 __ 日

备注：

1. 所有参与绩效评价的员工，其上级主管应进行绩效面谈，且双方均需在面谈表上签字。

2. C、D 级员工还需完成第二部分的绩效改进计划。

3. 签字版本的存档：由人力资源部保存。

4. 人力资源部对各部门的面谈结果进行抽查。

5.3.6　绩效评价结果运用

　　绩效评价结束之后，评价的结果应该与相应的其他管理环节相衔接。其中，绩效改进是绩效管理过程中的一个重要环节。传统绩效评价将评价结果作为确定员工薪酬、奖惩、晋升或降级的依据，而现代绩效管理的目的不限于此，员工能力的提升和绩效的持续改进才是其根本目的。同时，绩效评价的结果还可以应用于薪酬管理、培训与开发、人员调配等人力资源管理过程中。

5.4　绩效管理实务操作训练

5.4.1　实训项目：绩效计划

1. 实训目的

微课：绩效管理注意事项

通过实训，学生能够掌握绩效计划的内容和制订步骤，并能根据企业实际开展绩效计划面谈工作。

2. 实训类型

角色扮演、综合性实训。

3. 实训环境

电脑、投影仪、麦克风、人力资源管理仿真实验室。

4. 实训背景资料

　　YT 电子商务有限公司是一家网络电子商务公司，目前面临着激烈的市场竞争。孙伟（化名）是该公司购物部的经理。购物部的主要业务是通过互联网进行日用消费品的销售，主要包括小电器、厨房用品、小家居、家居用品、日化用品、清洁用品、厨具等，购物部下设订单处理中心、技术部和商品部。订单处理中心的主要职责是直接从网上受理消费者的订货信息，并将信息发送给相应的商品部，由商品部为消费者发货，同时还需要对订货信息进行分类、存档。孙伟上周参加了公司年度经营计划的会议，接下来他要把购物部的经营计划分解到每个员工身上。本周孙伟将与订单处理中心、技术部、商品部的负责人分别进行一次面对面的沟通，制订本年度的绩效计划。

　　购物部基本信息如下：

　　上一年度，平均每天网上订单的数量为 800 份，今年计划将每天的订单数量提高到 2000 份。过去用户在提交订单之后 5～7 天才能收到商品，今年计划将收货时间缩短到 3 天。

　　技术部要增加新的订单处理系统。

　　订单处理人员对新的系统操作还不够熟悉。

　　从接到客户订单到将确认后的订单发送到商品部的时间要尽量短。

5. 实训任务

根据背景资料，如果你是购物部经理孙伟，你会怎样与下属进行绩效计划面谈？

6. 实训步骤

（1）课前准备与任务布置：①划分任务小组，组成 YT 电子商务有限公司的购物部，一般每组 8～10 人。②指导教师向各组提供实训资料和阅读书目，学生提前熟悉实训任务。

（2）课中角色扮演与评价：①教师讲解绩效计划的重点和难点。②各个小组分别推选管理者和被约见员工两个角色，员工角色可以推选不同性格特质的同学。③教师和同学认真观察管理者和员工的言行，教师进行点评总结，各小组开展自评、互评。

（3）课后总结与提升：各小组撰写实训报告，并完成拓展阅读。

5.4.2 实训项目：绩效考核

1. 实训目的

通过实训，学生能够掌握绩效考核指标体系、绩效考核方法，并能根据企业实际开展绩效考核工作。

2. 实训类型

案例分析、综合性实训。

3. 实训环境

电脑、投影仪、麦克风、人力资源管理仿真实验室。

4. 实训背景资料

（1）A公司的绩效考核概况

A公司在同行业中具有很好的竞争力，这归功于长期以来为公司领导所称道的绩效考核制度。公司的绩效考核由平时和年终两部分组成，采用打分方式进行测评，总分为100分。其中，平时分数和年终分数分别占70%和30%。平时测评每个月进行一次，考核内容主要包括：员工在上一月度内完成工作的情况，包括员工的任务量、完成任务的效率、工作成效、同事的认可程度、管理者的评价等。整个考核实行上级考核下级的方式，考核的对象分别是管理者和普通员工。公司总裁考核各副总裁，各副总裁考核分管的事业部部长，事业部部长考核本事业部各部门经理，部门经理对其所在部门员工进行考核。员工是公司中接受考核的最底层，年终综合测评主要以员工每月的工作记录为依据，重点考核内容为员工年度工作任务的完成情况和工作效果。整个考核实行末位淘汰制。年度考核为优秀、称职的员工在晋职、晋级方面具有优先权，并颁发年终一次性奖金和全年目标考核奖。年度考核被确定为不称职的员工将被辞退，但每次考核结束后都没有出现被辞退的人。

（2）A公司考核措施存在的问题

一是只重"收"不重"养"。公司绩效考核的目标是激励所有员工努力工作，通过严厉的考核制度达到约束员工行为的目的，但这种考核体系实际上只是注重了对员工既定努力的监督和控制，而忽略了对员工能力的培养和开发。末位淘汰制淘汰的不仅是懈怠工作和能力不佳的老员工，还有资历较浅但具有发展潜力的新员工。考核结果与工资严格挂钩并根据考核结果决定员工是否被辞退，加以末位淘汰制，使得员工整体在战战兢兢中生活和工作。A公司的管理思路实际上是让员工顺其自然，能够发展的就发展，不能发展的就流失，反正公司不对员工的发展进行投资。

二是只重"形"不重"质"。公司对员工的考核采取平时考核和年终测评相结合的方式，这需要比较客观的平时记录，但是公司平时考核记录的内容只包括员工的工作量、办事效率以及工作效果等，这些指标在考核过程中作为评价依据很难做到客观衡量，考核者在履行考核权力时往往会加入人情因素。所以既有的考核内容难以考核员工的能力、态度、品质，会使富有工作热情的员工在工作过程中逐渐变得消极，让考核失去预期的激励效果。

三是只重"始"不重"终"。雷声大雨点小是该公司考核制度的突出问题，考核结束后没有进行有效的反馈，员工与管理者之间、员工与员工之间缺乏必要的、有效的沟通。考核制度规定得很严格，如果员工不努力工作则会面临降职、降级甚至被辞退的风险，但由于加入了人情因素，所以考核结果总是皆大欢喜。但这时员工所关心的并不是会不会被辞退，而是怎样才能拿到更高水平的工资和怎样才能在考核中使自己处于有利的局面。最后的结果是：在考核过程中，员工看见的只有竞争而没有合作，以至于竞争弱化了合作。员工之间会产生猜疑和焦虑，考核结果公布后，员工不知道其高分或者低分的原因，更不知道对考核结果不满时向谁申诉，绩效考核成了形式。

四是只重"量"不重"质"。考核制度规定，在所有员工中要考核出优秀、称职、基本称职和不称职四个等级的员工，四个等级的人数按照总人数的一定比例确定；公司根据部门人数将四个等级的名额分配到各个部门，各个部门按照强制分布法评选出优秀、称职、基本称职和不称职四个等级的员工。这种看似精确量化的考核方式实际上根本不具有科学性。假设 A 部门的所有员工表现都非常突出，而 B 部门的所有员工表现都很一般，最终评选出来的 A 部门的四个等级的员工会感受到不公平对待。实际上，A 部门员工的不公平感是所有绩效优秀但没评上"优秀"的员工的普遍感受。这种形式化的考核方法若是持续下去，公司中就不会存在真正的优秀部门和优秀员工。

（资料来源：孟祥林．人力资源管理案例分析 [M]．3 版．北京：经济科学出版社，2016：121-129．）

5. 实训任务

根据背景资料，你认为 A 公司应如何完善目前的绩效考核工作？

6. 实训步骤

（1）课前准备与任务布置：①划分任务小组，组成 A 公司的人力资源部，一般每组 5 ～ 7 人。②每组推选一位成员担任组长，即人力资源部经理；小组成员角色扮演和任务分配可自行决定。③指导教师向各组提供实训资料和阅读书目，学生提前熟悉实训任务。

（2）课中讨论与评价：①教师讲解绩效考核的重点和难点。②各小组根据实训资料进行小组讨论，教师给予必要的指导。③各小组派 1 名代表进行分享演讲，教师和其他小组就相关问题提问。④教师进行点评总结，各小组开展自评、互评。

（3）课后总结与提升：各小组撰写实训报告，并完成拓展阅读。

知识与能力训练

测验题　　　　　　　讨论题

CHAPTER 6
第六章 薪酬管理

激励机制不是为了让不合适的员工做出正确的举动，而是要让合适的员工上车，并保证他们留在那儿。

——美国管理学家吉姆·柯林斯

🎯 学习目标

- 掌握全面薪酬和福利的内容
- 熟悉宽带薪酬的设计要点
- 掌握典型岗位薪酬方案设计要点
- 掌握薪酬管理的程序和实务操作
- 能够根据企业实际开展薪酬管理工作

👤 引导案例

小米公司的薪酬激励

小米公司是一家以智能手机、智能硬件和 IoT 平台为核心的消费电子及智能制造公司。公司崇尚创新、快速的互联网文化，让员工在轻松的伙伴式氛围中工作。小米公司董事长、创始人兼 CEO 雷军表示，"一个人可能走得快，一群人才能走得远"。小米公司为各类优秀人才提供了充足的发展空间和丰厚的回报，人才是小米公司腾飞的基石。小米公司的人才薪酬激励有以下特点。

1. 不设 KPI 考核制度，强调用户体验和责任感

小米公司管理模式中最为独特的是没有 KPI 考核制度，公司将重点放在产品和用户体验上。比如，公司不会关心你完成了多少任务，而是关心用户对你所研发产品的满意度，考核你为提升用户体验做了多少贡献。小米公司将用户体验之后的反馈作为员工考核的重点，注重员工给用户提供的服务以及促进员工加强与用户之间的沟通互通。与此同时，小米公司给予员工极大的自由度和信任，强调员工工作的责任感和责任心，人事主管不会对员工的绩效完成进度实施监督，只在年底要求员工提交绩效自评报告，主管领导将报告情况与员工进行沟通后完成最终的评估。

2. 透明的利益分享机制

小米公司秉持和员工一起分享利益、分享企业成果的经营理念，透明的利益共享机制是小米公司薪酬激励的一大特色，也是小米公司留住优秀人才的重要方法。小米公司成立之初，就推行了全员持股、全员投资的计划。2021 年，小米公司相继颁布"青年工程师激励计划""新十年创业者计划"等股票激励计划。2022 年 3 月，小米公司还为入选激励计划的优秀员工授予人均 52.42 万港元的股票激励，这是公司历史上发出的最大规模的员工激励。此外，小米公司还为员工设定了薪酬组合方案。员工可有三种不同的选择，即现金报酬、现金报酬搭配一部分期权，以及较少的现金报酬搭配更多的期权。

小米公司给予了员工足够的回报：一是可选择的、人性化的薪酬体系，其中最主要的仍是工资；二是公司给予员工很大的期权上升空间，而且公司每年会有内部回购；三是工作压力虽然很大，但员工在团队共事中获得了极大的成就感和满足感。透明的利益共享机制带来的是大家更大的工作热情和更强的工作投入感，只要认真工作就能得到相应的回报，这是员工工作动力的源泉。

（资料来源：崔颖 . 人力资源管理操作实务 [M]. 北京：电子工业出版社，2021：201-202.）

6.1 薪酬管理相关知识

6.1.1 全面薪酬

薪酬管理是一个古老的话题，因为激励组织成员是组织永恒的关键议题。同时，薪酬管理又是一个新颖的话题，尤其是随着社会和组织情境条件的变化，薪酬激励不断面临新的问题和挑战。在现代高科技企业中，员工薪酬支出占企业总体成本、费用支出的比例在不断增大，少则40%～50%，多则80%～90%。如何控制人工成本的增加、如何将人工成本的增长转化为企业效益的增长，已经成为很多企业管理者、人力资源管理者必须面对和解决的问题。

从范围上看，全面薪酬可以分为经济性薪酬和非经济性薪酬两大类。经济性薪酬又可以分为直接经济性薪酬和间接经济性薪酬两类。全面薪酬的分类和内容如表6-1所示。对全面薪酬的内容进行分析，我们会发现：如果从员工的直观感受看，直接经济性薪酬的刺激性更强，间接经济性薪酬次之，非经济性薪酬的刺激性最弱；如果从可衡量、可观察的角度看，结果也是如此，即经济性薪酬比非经济性薪酬更具有可比性。但是，随着社会的进步和员工职业价值观的变化，非经济性薪酬对员工的激励性有所增强，所以仅仅关注最具刺激性或最具有可衡量性的薪酬部分是不够的。人力资源管理者需要在掌握经济性薪酬相关工具和方法的同时，加强对非经济性薪酬的关注，并在实践中加以运用。

表6-1 全面薪酬的分类和内容

分类		内容
经济性薪酬	直接经济性薪酬	工资、补贴/津贴、绩效工资、奖金、股票、期权等
	间接经济性薪酬	社会保险、补充保险、带薪休假、住房/交通计划、培训学习等
非经济性薪酬		成就感、信任、影响力、荣誉、员工关怀、工作环境、工作条件、授权、参与机会等

6.1.2 员工福利

1. 员工福利的内容

员工福利是指企业以组织成员身份为依据，而不是按员工工作时间和个人贡献为依据支付给员工的间接报酬，通常表现为延期支付的非现金形式。一般来说，福利项目分为国家法定福利和企业自主福利两大类。国家法定福利主要包括法定的社会保险、住房公积金、公休假日、法定休假日、带薪休假等内容。企业自主福利是由企业自行确定的福利项目，其项目的多少和标准的高低在很大程度上受到企业经济效益和支付能力的影响。常见的企业自主福利的分类和内容如表6-2所示。

表6-2　常见的企业自主福利的分类和内容

分类	内容
补充保险	补充医疗保险、综合意外伤害保险、年金计划、家庭保险
住房计划	补充住房公积金、购房贷款或贷款贴息、住房补贴、宿舍
交通计划	交通补贴、私车公用补贴、购车补贴、公车、班车
餐饮计划	餐费补贴、免费食品、内部食堂、协议餐厅
员工休息休假	带薪休假、节日慰问或礼品、疗休养、弹性工作时间、在家办公
员工个人成长	员工内部培训、员工外派培训、学费资助、定期轮岗
员工身心关怀	员工体检、员工活动、带薪旅游、员工心理辅导
其他	通信补贴、工龄补贴、生日慰问、儿童托管中心

2. 弹性福利

传统固定的福利模式往往难以满足员工多样化的需求，从20世纪90年代开始，弹性福利模式逐渐兴起，并在越来越多的企业中得到应用，成为福利管理的发展趋势之一。弹性福利，又称自助式福利，最大的优点是，员工可以根据个人需要选择福利项目，能够满足员工的多元化需求。但是，弹性福利在操作上也存在一定的现实问题。比如，企业能够让员工进行选择的项目有哪些？员工选择的空间和余地有多大？员工对菜单上的选择项目是否可以提出新的种类要求？福利项目不统一是否会大大增加企业的管理成本？这些问题如果处理不好，就会产生很多的不良后果。因此，企业可以根据自身战略和业务目标、盈利状况以及管理理念，制定符合企业要求的福利模式。弹性福利模式的类型主要有以下五种类型。

（1）附加型弹性福利：指在现有的福利计划之外，再提供一些福利项目或提高原有的福利水准，由员工选择。

（2）核心加选择型弹性福利：由核心福利项目和选择福利项目组成，其中，核心福利项目是每个员工都享有的基本福利项目，选择福利项目包括所有可以自由选择的项目，员工可以选购但有福利限额。

（3）福利套餐：由企业提供多种固定的福利项目组合，员工只能自由地选择某种福利组合，而不能自己进行组合。

（4）弹性支用账户：指员工每年从其税前收入中拨出一定数额的款项作为自己的"支用账户"，从该账户中选购各种福利项目的福利计划。

（5）选择性弹性福利：指在原有的固定福利基础上，提供几种项目不等、程度不同的福利组合供员工选择。如果员工选了比原有福利价值低的组合，就会得到其中的差额；如果员工选择了价值较高的组合，就要扣除一部分直接薪酬来填补差价。

6.1.3　宽带薪酬

根据美国薪酬管理学会的定义，宽带薪酬是指对多个薪酬等级以及薪酬变动范围进行重新组合，从而变成只有相对较少的薪酬等级以及相应较宽的

微课：
宽带薪酬

薪酬变动范围。宽带薪酬通过丰富和扩展薪酬的弹性，可以达到增强薪酬激励性的效果。在实施宽带薪酬时，应重点把握以下几个方面的操作要点。

1. 做好宽带薪酬实施前的准备工作

宽带薪酬实施前的准备工作主要包括：

（1）构建扁平化的组织架构，组织结构越趋于扁平化，就越适合实施宽带薪酬。

（2）及时构建相应的任职资格体系，减少职级；明确工资评级标准及办法，级差标准体现不同的层级和职位。

（3）建立规范的绩效管理体系，从原来注重岗位薪酬转变为注重绩效薪酬。

（4）为员工营造公平的机会，对员工进行职业生涯管理。

2. 找到宽带薪酬的"平衡点"

找到宽带薪酬的"平衡点"，就是要找到企业与员工共同认可的支点，以这个支点为中轴线。高于该支点，员工能获得更多激励；低于该支点，员工必须承担更多的责任。在现实中，找到宽带薪酬的"平衡点"的过程，就是企业和员工不断博弈的过程，需要经过多次博弈，才能真正找到"平衡点"。

3. 把握好宽带薪酬实施的每个步骤

一般来说，一个完整的宽带薪酬实施共分为八个步骤。

（1）确定薪酬等级，宽带薪酬的等级不要设置太多，只有这样才能体现"宽带"的特点。

（2）确定薪酬档级，宽带薪酬的档级应该设置得多一点，以体现宽带薪酬的弹性特点。

（3）确定最低一级的中位值。

（4）确定最低一级的最大值和最小值。

（5）确定每一级的最大值和最小值。

（6）确定每一级的档差。

（7）将档差代入各档。

（8）测算各级之间的重叠度。

4. 做好现有员工薪资和宽带薪酬的套薪工作

在做好现有员工薪资和宽带薪酬的套薪工作之前，必须先做好岗位套薪。岗位套薪是根据测算后的岗位薪酬等级表，将岗位纳入宽带薪酬体系之中，这时候的套薪仅涉及岗位，而没有涉及岗位上的人员。员工套薪从整体上来说，应该按照就近就高的原则，在岗位套薪的基础上对员工进行套薪。也就是说，员工套薪是根据岗位套薪结果，根据员工所在岗位的等级，结合员工历史薪酬、当前薪酬标准、绩效表现和公司的薪酬策略，按照比现有薪酬高的最接近的数套算，将员工薪资纳入宽带薪酬体系。

6.1.4 企业调薪

调薪是人力资源部每年都要面临的重要工作之一，是企业进行员工激励与薪资分配的一项重要手段。有效调薪可以留住优秀人才，不合适的调薪可能造成员工流失。人力资源部在设计调薪方案时，不仅要考虑内部公平、外部市场竞争和关键人才保留与激励等诸多因素，更要求调薪的方案符合可量化、直观的评价原则。在实施企业调薪时，应重点把握以下几个方面的操作要点。

1. 明确调薪的依据

一般来说，调薪的依据主要有职位晋升、对上一年度绩效表现优秀者进行奖励，另外，还有保障性调整、市场性调整等。概括起来，调薪有两个方面的原因：一是企业正处于业务快速增长时期，迫切需要以优厚的薪酬政策来吸引人才；二是市场同行的薪酬增长，所在行业的竞争对手都纷纷涨薪。薪酬管理中有一个重要的概念叫市场定价，即岗位薪酬水平和年度薪酬涨幅参照市场制定，市场定价为调薪提供了重要的依据。因此，人力资源部在调薪前首先要明确调薪的依据。

2. 把控好企业和员工之间的调薪预期

这一点很关键，其实质是在企业人工成本和员工薪酬激励之间找到一个最佳平衡点。也就是在明确调薪依据后，回答应该调多少的问题。人力资源部在调薪的时候，一定要和管理层、员工进行多次沟通，明确企业调薪能承担的最大限度；在调薪前尽量降低员工的心理预期，当员工发现调薪额度超出其预期时，工作会更有动力。

工具：
调薪沟通

3. 做到调薪规则透明而调薪额度封闭

调薪规则即企业在什么情况下调薪，什么样的员工可以调薪，调薪的幅度是多少。也就是在调薪上，企业倡导什么、反对什么，调薪规则要和企业倡导的价值观相吻合。当然，薪酬的调整仅限于规则透明，具体每个人的调薪额度是不透明的。

4. 慎重决定调薪幅度

调薪往往是比较刚性的，薪酬一旦调上去就很难下调，而且调薪就代表增加了人力成本。在充分考虑了调薪是否非调不可、企业的经济效益是否允许这样调、是否一定要调等相关问题后，才可决定调薪。一般来说，企业每年调薪的幅度应控制在 6% ～ 8%，当然这并不是绝对的，必须根据企业的实际情况来确定。

6.2 典型岗位薪酬方案设计

6.2.1 高管岗位薪酬设计

高管，又称高级管理者，通常指的是企业中的决策层，包括总经理（CEO/总裁）、常务副总经理、分管某个模块的副总经理、子公司总经理等。高管的薪酬结构通常包括固定工资、各类津贴、月度/季度/年度绩效工资和股权/分红。高管薪酬构成和各部分占比参考如表 6-3 所示。

表6-3 高管薪酬构成及其占比

固定工资占比	各类津贴占比	月/季/年度绩效工资占比	股权/分红占比
10%～20%	10%～20%	20%～40%	30%～60%

高管固定工资的确定：一是要源于职位评价，二是要参考薪酬调研结果。外聘高管也可以通过谈判约定固定工资。高管的津贴标准通常高于普通岗位，为更好地发挥津贴的保障性激励效果，可以为其设置一个其他岗位都不具备的津贴。

需要特别注意的是，绩效工资、年终分红、股权等属于薪酬浮动部分，对高级管理人员有很大的激励作用。一般来说，销售型公司不建议对高管设置月度和季度绩效工资，建议按年度发放绩效工资，即对高管直接采取年薪制。高管年薪制的分类、薪酬结构和适用性如表6-4所示。

对高管实施股权激励的方法有很多，常见的有限制性股票、虚拟股票、年薪虚股制、股票期权、直接持股等方式。

表6-4 年薪制的薪酬结构和适用性

分类	薪酬结构	适用企业
准公务员型模式	基薪＋津贴＋养老金计划	大型、特大型国有企业
一揽子型模式	单一固定数量年薪	面临特殊问题亟待解决的企业
非持股多元化型模式	基薪＋津贴＋风险收入（效益收入和奖金）＋养老金计划	追求企业效益最大化的非股份制企业
持股多元化型模式	基薪＋津贴＋含股权、股票期权等形式的风险收入＋养老金计划	股份制企业，尤其是上市公司
分配权型模式	基薪＋津贴＋以分配权、分配权期权形式的风险收入＋养老金计划	各类企业

6.2.2 技术岗位薪酬设计

技术人才是企业创新发展的核心动力，企业经营过程中的工艺改进、产品研发、技术升级等都离不开技术人才的支持，因此，对技术岗位员工的薪酬激励尤为重要。一般而言，技术岗位员工的薪酬包括固定工资、技能工资、各类津贴、绩效奖金、项目奖金等。

根据对技能工资、项目奖金或绩效奖金重视程度的不同，技术岗位员工薪酬类型可以分为以下三类。

1. 技能驱动型

如果企业中有部分技术人员的职责、绩效和贡献难以量化时，就可以采用这种方法。在这种薪酬类型中，技能工资在薪酬结构中占比较高，专业技能水平是确定技术岗位人员不同薪酬水平的重要因素。不同的专业技术等级所在的岗位类型不同，对应的技能工资水平也不同。

2. 创新驱动型

如果企业非常重视创新，技术团队的创新能够被相对客观地衡量，就可以采用这种方法。在这种薪酬类型中，通常项目奖金在薪酬结构中占比较高。这种方法通常由公司确立不同的技术研发或创新项目，最后根据项目开发的成果交付情况，给予技术人员不同的项目奖励。

3. 价值驱动型

如果企业非常重视经营业绩，就可以采用这种方法。在这种薪酬类型中，通常绩效奖金在薪酬结构中占比较高。这种方法主要是根据技术团队、项目或员工对应的销售额区分绩效奖金的计提比例。

技术岗位薪酬设计需要着重强调对技术人员内在潜力的激发作用，因此，在设计技术人员薪酬方案时，应重点考虑以下几个方面的因素。

1. 激励周期

技术岗位员工的工作绩效不一定会在短期内体现出来，有时需要长期激励才能体现工作成果。因此，薪酬方案设计不仅要考虑短期激励，比如工资、定期福利，还要考虑中长期激励方式，比如项目奖金、年终奖、培训发展计划、晋升计划、外出深造机会等。

2. 剩余价值分享

技术人员属于知识型员工，工作过程不易衡量，应将技术人员、骨干员工的利益与股东价值紧密联系，建立股权激励制度。

3. 非经济性报酬

除经济性报酬以外，企业在设计技术人员薪酬方案时，还应考虑增加非经济性薪酬要素，比如培训、学习、晋升的机会，富有挑战性的工作、宽松的工作环境、和谐的企业文化等。

6.2.3　销售岗位薪酬设计

销售岗位是企业最直接的业绩来源，销售人员的工作业绩很大程度上关系到企业的生存和发展。在设计销售人员薪酬方案时，企业通常要根据不同发展阶段的特点，结合企业发展和员工需求，制定科学合理的薪酬体系，一般有以下五种模式。

1. 纯佣金模式

该模式是指销售人员的薪酬只有佣金，没有底薪，薪酬完全与业绩挂钩。这种模式往往适用于初创期的企业。需要注意的是，该模式没有底薪，但员工的薪酬不能低于当地最低工资标准，否则与《劳动法》第四十八条规定"用人单位支付劳动者的工资不得低于当地最低工资标准"相违背。因此，企业如果采用纯佣金模式，需要对该模式附带说明：当业绩提成低于最低工资标准时，按照最低工资标准给付。

2. 基本薪酬 + 佣金模式

该模式是指企业给予销售人员一定的基本薪酬，另外，根据业绩完成情况提取一定的佣金。这种模式适用于大多数发展中或者发展成熟的企业，这类企业有一定的资金实力，能够支付销售人员一定的固定无责任底薪。

3. 基本薪酬 + 奖金模式

该模式是指企业给予销售人员一定的基本薪酬，同时给予相应的奖金。这种模式适用于发展较为成熟、资金实力较强，同时主要依靠团队成员共同销售产品的企业。

4. 基本薪酬 + 佣金 + 奖金模式

该模式是指企业给予销售人员一定的基本薪酬，同时给予佣金和奖金。这种模式适用于发展非常成熟的企业。这类企业资金实力雄厚、管理制度健全、业务相对完善。

5. 纯底薪模式

该模式是指企业每个月给予销售人员固定的底薪，没有任何佣金和奖金。这种模式适用于管理较为完善的企业，一般外资企业中使用得较多，企业产品的销售主要依靠企业的品牌影响力。

目前，销售岗位常用的工资形式是销售提成工资制，一般的销售提成计算公式为：

$$销售提成 = 提成基数 \times 提成比例 - 各类扣项$$

销售提成比例的设计需要综合考虑企业战略、发展阶段、产品特性、销售人员职级、销售费用高低、销售底薪等不同方面的因素。"低提成"模式的优势是：能够稳固和维持企业现有的客户和市场，保持企业的外部稳定，有利于企业平稳发展。"高提成"模式的优势是：能够激励销售人员市场开发和工作的积极性，有利于企业开拓新业务。

销售基数的确定常见的方式有：按销售额度提成、按销售利润提成、按销售方式提成、按销售分成提成。企业可根据公司战略、发展阶段、产品品牌、客户群体和销售人员需求进行选择。

6.2.4 生产岗位薪酬设计

生产岗位人员是生产型企业中人力资源的重要组成部分，产品的数量、质量、交货期指标能否圆满完成都取决于企业的生产人员。生产岗位人员薪酬的主要模式有计时工资制和计件工资制两种。

1. 计时工资制

计时工资制是指根据劳动者的实际劳动时间、工资等级、工资标准来支付劳动报酬的工资形式。按照核算周期的差别，计时工资制可以分为小时工资制、日工资制、周工资制、月工资制、年薪制五种形式。

作为我国企业中使用较为普遍的一种工资形式，计时工资制主要适用于以下几类工作。

（1）劳动成果无法准确计量的工作，如机关单位工作人员、教育工作者等。

（2）劳动成果难以直接反映工作强度或工作态度的人员，如进行研究性或实验性生产的人员等。

（3）分工细、劳动过程强度低、产品数量和质量与员工本人能力联系不大且主要取决于集体协作的工作，如大型化工企业。

（4）自动化程度高、劳动成果主要取决于设备性能的工作，如流水线作业。

（5）对产品质量要求很高或责任重大，劳动成果主要取决于劳动者个人的技术水平或工作态度，但对数量要求不高的工作，如科研人员和工艺美术行业的人员等。

需要注意的是，由于计时工资制只能反映员工的技术熟练程度、劳动繁重程度和劳动时间长短的差别，不能全面反映同等级员工在同一时间内劳动量和劳动成果的差别，这在一定程度上容易造成平均主义。因此，大多数企业在设计和实行计时工资制时，普遍采取奖励制度，以弥补计时工资制的不足。

2. 计件工资制

计件工资制是指按照生产的合格品的数量（或作业量）和预先规定的计件单价来计算报酬，适用于生产任务明确、产品数量和质量易于测量和统计的工种。计件工资制可分为个人计件工资和集体计件工资两种。

在设计和实行计件工资制时，企业应注意以下几个方面的要点。

（1）使用计件工资制的前提是劳动者的生产成果能够直接计算，生产记录与统计制度完备，生产组织、产品检查验收制度健全。

（2）要确定劳动定额，劳动定额是计件工资的中心内容，是调整劳动者薪酬水平的基础，一般由技术部门和人力资源部门共同制定。

（3）要有一定的保底工资，如果生产任务不饱和，则以保底工资支付，并可将其作为加班工资的基数，同时规避法律风险。

（4）能够实行个人计件工资的尽量使用个人计件工资，不能使用个人计件工资的则使用集体计件工资。

（5）实行班组计件和车间计件的企业，应当制定相对透明的管理机制。

6.3 薪酬管理实务操作流程

6.3.1 薪酬管理的程序

薪酬体系是薪酬管理运行的方法和保障，也是企业对员工体现物质激励和精神激励的方式。一个有效的薪酬体系不但可以体现岗位和员工的价值，还能起到良好的员工激励和督促作用，有助于企业实现战略目标。一般来说，设计一个科学合理的薪酬体系进行薪酬管理，应包括职位分析、职位评价、薪酬调查、确定薪酬策略、设计薪酬结构、制定薪酬制度、实施和反馈等七个步骤，如图6-1所示。

走近HR：
外资企业薪酬
福利管理

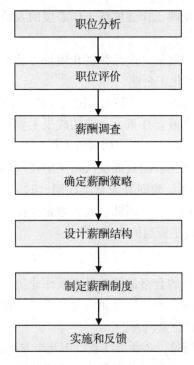

图 6-1　薪酬管理的步骤

6.3.2　职位分析

职位分析是确定完成各项工作所需知识、技能和责任的系统过程，它是一种重要的人力资源管理工具。薪酬体系的设计离不开职位分析，企业必须明确各职位的分类、分级及相互关系。比如说，企业职位可以分为管理岗、生产岗、营销岗、研发岗、行政岗等，其中，管理岗位又可分为高层管理者、中层管理者、基层管理者。

一般来说，职位分析的主要内容有：职位基础信息分析、工作任务分析、职位职责分析、职位关系分析、劳动环境分析、任职资格分析等。职位分析为职位评价、确定每个职位的相对价值提供了客观的依据。一般来说，职位分析工作一年实施一次，该项工作的组织实施可以分为以下三个阶段。

1. 准备阶段

该阶段的主要任务包括明确职位分析的目的和任务，做好前期宣传和沟通，成立职位分析小组并对其进行培训。职位分析小组成员一般由企业高层领导、职位分析人员、外部专家三类人员组成。

2. 实施阶段

该阶段的主要工作任务包括制订职位分析的时间进度表，选择收集工作内容和信息的方法，多渠道收集分析对象的背景信息。在这一阶段，职位分析人员在条件允许或必要的时候要亲自实践有关工作活动，以期掌握较为准确且可靠的信息。

3. 整合阶段

该阶段的主要工作内容包括整理、审查和分析资料，做好各类信息的整理、筛选、审核、确认，编写职位说明书，并将职位分析的结果运用到人力资源管理以及企业管理的相关方面。

6.3.3 职位评价

职位评价是指在职位分析的基础上对职位的工作内容、责任大小、难易程度、工作强度、任职条件等特性进行评价，以确定职位相对价值的过程。职位评价是保证薪酬体系内部公平原则的主要手段之一，通过职位评价可以比较各个职位的相对价值，使不同职位在纵向和横向上具有可比性，为确保薪酬的公平性奠定基础。同时，职位评价也为外部薪酬调查建立了统一的职位评估标准，消除了企业间职位名称相同但实际工作内容、工作职责不同，或职位名称不同但实际工作内容、工作职责相同而导致的职位差异，确保了薪酬调查时职位薪酬水平的可比性。职位评价的公平、公正、客观性会对整个薪酬体系的设计和薪酬管理的实施带来直接影响，因此，企业在进行职位评价工作时应做好充分的准备工作，并遵循合理的操作程序。

常用的职位评价方法有排列法、分类法、要素比较法和要素计点法。其中，排列法和分类法是最常用的定性职位评价方法，要素计点法是最常用的定量职位评价方法。各种方法的优缺点和适用性如表6-5所示。企业可以根据实际情况，选择合适的方法并加以综合运用。

表6-5 职位评价方法的优缺点和适用性

方法	优点	缺点	适用企业
排列法	简单方便，费用较低	主观性较大，无法判断职位间的价值差距	适合规模小、结构简单、职位较少的企业
分类法	简单明了，节省时间	建立职位等级定义的难度较大，主观性较强	适合各职位的差别比较明显的公共部门和大企业的管理职位
要素比较法	准确客观，能直接了解到各职位的薪酬水平	操作复杂，比较费时，薪酬调查增加了成本	适合能够随时掌握较为详尽的市场薪酬标准的企业
要素计点法	量化评价准确客观，能比较各职位的相对价值和价值差距	设计较复杂，操作费时，评价项目、权重、点数分配受主观因素影响	适合生产过程复杂，职位类别、数目较多的大中型企事业单位

6.3.4 薪酬调查

薪酬调查是指通过收集其他企业的薪酬信息，从而确定或调整企业自身的薪酬水平和薪酬结构。如果说职位评价解决的是薪酬管理内部公平性的问题，那么薪酬调查解决的是薪酬外部公平性的问题。一般来说，企业薪酬调查包括确定调查企业、选择调查职位、确定调查内容、实施调查、调查结果的整理分析等步骤。

工具：薪酬调查报告

1. 确定调查企业

一般来说，薪酬调查企业可以分为五类：第一类，同行业中同类型的其他企业；第二类，其他行业中有相似相近工作岗位的企业；第三类，与本企业雇用同一类的劳动力，可构成人力资源竞争对象的企业；第四类，在本地区同一劳动力市场上招聘员工的企业；第五类，经营策略、信誉、报酬水平和工作环境均合乎一般标准的企业。

2. 选择调查职位

薪酬调查不可能调查所有职位，一般来说，选取的是大多数企业都会设置的、有代表性的职位。同时，应遵循可比性原则，被调查的职位在工作性质、难易复杂程度、职位职责、工作权限、任职资格、能力要求、劳动强度、环境条件等方面均与本企业调查职位具有可比性。为了保证调查结果的准确性，还需要对这些代表性职位进行职位分析，形成职位说明书。

3. 确定调查内容

薪酬调查的内容主要包括以下五个方面。

（1）与员工基本工资相关的信息。

（2）与支付年度和其他奖金相关的信息。

（3）股票期权或影子股票计划等长期激励计划。

（4）与企业各种福利计划相关的信息。

（5）与薪酬政策诸方面有关的信息，包括被调查企业在加薪时的百分比、公司加班与工作轮班方面的政策、刚毕业大学生的起薪点、薪酬水平地区差异的控制、员工异地调配时的薪酬处理以及兼职员工的薪酬管理等。

薪酬调查的内容要尽可能做到全面、深入和准确，既要调查货币性薪酬，如工资、奖金、津贴、补贴等，也要调查非货币性薪酬，如为员工提供的住房、培训、社会保险和商业保险等。同时，还要关注调查数据资料的动态性，既要掌握当月、当季、当年的数据资料，也要掌握企业同类职位过去三年以上的数据资料。

4. 实施调查

薪酬调查的实施可以采用问卷调查、电话调查、访谈调查等形式，前提是要取得被调查企业的支持和同意；也可以通过委托专业人力资源调查公司或咨询公司来完成。

5. 调查结果的整理分析

调查实施结束后，应对调查结果进行整理分析，最后的统计结果应针对企业的经营状况、职位职能、薪酬水平、薪酬结构等具体情况进行对比分析。

6.3.5　确定薪酬策略

1. 薪酬策略的类型

薪酬策略是有关薪酬分配的原则、标准、薪酬总体水平的政策和策略，不同的薪酬策略对薪酬水平、薪酬结构有不同的要求。常见的薪酬策略包括以下四种形式。

（1）领先型薪酬策略。采取领先型薪酬策略的企业为了吸引和留住优秀人才，满足企业高速发展的需要，通常采取市场薪酬75%的数据作为参照，薪酬报酬高于市场上的大多数竞争者。

（2）匹配型薪酬策略。实施匹配型薪酬策略的企业通常采取市场薪酬50%的数据作为参照，以确定企业薪酬水平。该类企业既希望确保薪酬成本与竞争对手一致，又希望对员工有一定的吸引力和保留能力。

（3）滞后型薪酬策略。采取滞后型薪酬策略的企业，其薪酬水平低于竞争对手或市场薪酬水平。这类企业往往利润率较低、成本承受能力较弱，没有能力为员工提供高水平薪酬，员工的流失率也比较高。当然，有时实施滞后型薪酬策略的企业并不是真的没有支付能力，而是没有支付意愿。

（4）混合型薪酬策略。混合型薪酬策略是指企业根据不同类别的职位分别制定不同的薪酬水平，该策略具有较强的灵活性和针对性。比如，对于稀缺人才和关键职位员工采取领先型薪酬策略，对于富余劳动力和低职位员工采取匹配型薪酬策略。这种策略既有利于公司保持竞争力和吸引力，又有利于合理控制薪酬成本。

不同薪酬策略的优缺点、适用性和实现方式各有不同，具体如表6-6所示。企业在确定薪酬策略时，不仅要考虑外部环境，比如劳动力市场、竞争对手、政府政策、产品市场等因素；还要考虑企业内部因素，比如企业的发展战略、企业吸纳和稳定员工的能力，以及人力成本的控制等因素。

表6-6　不同薪酬策略的优缺点、适用性和实现方式

策略	优点	缺点	适用企业	实现方式
领先型	吸引优秀人才，减少企业招聘录用方面的费用；增加员工离职成本，改善员工绩效；减少企业薪酬管理成本；提高企业的雇主品牌形象	增加人力成本；一定程度上可能限制薪酬管理的弹性化空间；给企业带来较大的管理压力	适用于规模较大，投资回报率较高的企业；常见于知识密集型、技术密集型和资金密集型企业，行业龙头企业、咨询公司	年底调薪时，预测下一年度年底的市场薪酬水平，以此来确定企业的薪酬水平，确保薪酬水平全年高于市场平均水平
匹配型	人力成本较低，企业财务压力较小；能够吸引大部分求职者	需要及时掌握外部劳动力市场的薪酬水平；很难招募到优秀人才	适用于大部分行业和企业	年底调薪时，预测下一年度年中的市场薪酬水平，确保薪酬水平年初高于市场水平，年底略低，年中等于市场水平，全年薪酬水平与市场水平大体持平
滞后型	人力成本低，财务压力小	很难吸引人才、留住人才	适用于规模较小，利润较低的中小型企业	给员工提供长远收益，如用股权、分红，提供挑战性工作、理想工作地点、学习培训机会，营造和谐企业文化、良好员工关系等方法留住人才

续表

策略	优点	缺点	适用企业	实现方式
混合型	实现薪酬外部竞争性和内部公平性；保持企业竞争力，合理控制人力成本	注意外部竞争性和内部公平性，有可能出现员工队伍不稳定现象	适用于大部分行业和企业	实施三种薪酬策略的员工群体，其薪酬差别应控制在合理和可接受范围内；对实施领先型和匹配型薪酬策略的员工，企业应及时了解市场薪酬水平；对实施滞后型薪酬策略的员工，企业应在其他领域为其寻找领先或特有的福利

2. 企业生命周期与薪酬策略

一般来说，企业的生命周期包括四个阶段，即初创期、成长期、成熟期和衰退期。企业可以根据所处的不同阶段，采取相应的薪酬策略。

（1）初创期采用成长策略。初创期的企业通常面临着资金需求量较大、生产成本较高、产品知名度较低、市场占有率较低等困难。这个阶段的薪酬设计要点是：提高薪酬的外部竞争性以吸引优秀人才；总体薪酬的刚性小一些，以变动薪酬或长期激励为主。

（2）成长期采用成长策略。成长期的企业产品销量增长迅速，市场占有率也会大幅度提高，企业及其产品在社会上具有一定的知名度。这个阶段的薪酬设计要点是：重视内部公平性；强调外部竞争性；适当提高基本工资和增加福利；鼓励个人贡献，个人绩效奖金在薪酬结构中应占很大的比重。

（3）成熟期采用稳定策略或集中策略。成熟期的企业及其产品的社会知名度很高，企业规模、产品销量、利润和市场占有率都达到了最佳状态，相应的薪酬设计要点是：更加重视内部的公平性；由于此阶段员工基本工资较高，福利也很多，所以可以适当减少绩效奖金；重视体现团队贡献的团队薪酬。

（4）衰退期采取收缩策略或精减策略。衰退期的企业通常会出现市场销售额急剧下降，市场占有率和利润大幅度下降，员工离职率增加、组织承诺下降、员工不公平感提高等现象。此阶段的薪酬设计要点是：为招聘到适合新业务领域的人才，薪酬要保持较强的市场竞争性；整体薪酬要确保有较强的市场竞争性，以留住企业优秀员工；薪酬标准以业绩薪酬和技能薪酬为主。

6.3.6 设计薪酬结构

薪酬结构是指员工的薪酬构成项目及其所占的比例。薪酬结构设计的主要内容包括薪酬结构模式设计和薪酬比例设计。

1. 常见的薪酬结构模式

通常，企业的薪酬结构主要有以下三种模式。

（1）全面型薪酬结构。在全面型薪酬结构模式下，年度现金总收入包括固定收入和浮动收入，其中，固定收入有基本工资和补贴，浮动收入有绩效工资和奖金（提成）。这种模式虽考虑了薪酬的保留作用和激励作用，基本上适用于所有的员工，但这种模式的设计也最为复杂。

（2）固定工资＋绩效工资型薪酬结构。这种结构模式相对简单，年度现金总收入只有固定收入和绩效工资。员工在企业中的收入相对稳定，固定收入每个月都应有所体现，绩效工资也会在日常或年终根据绩效进行发放。这种结构模式适用于发展比较成熟、有较健全的绩效管理体系的企业，适合企业中的高管和职能人员。

（3）固定工资＋奖金型薪酬结构。在这种薪酬模式下，年度现金收入中没有绩效工资，只有固定收入和奖金（提成）。薪酬激励的效果最强，比较适合销售类的岗位，但容易降低员工的安全感，在业绩不好、没有奖金发放的情况下，员工的收入将会大大下降。

2. 薪酬比例设计

（1）固定/浮动薪酬结构。根据固定薪酬和浮动薪酬在员工薪酬中所占的比例，可以将薪酬结构分为高弹性结构、高稳定结构和平衡结构三种类型。高弹性结构的固定薪酬比例较低（通常小于40%）、浮动薪酬比例较高（通常高于60%），实施这类薪酬结构的岗位通常是与企业业绩关联度较高的岗位，如总经理、企业高管、销售员等。高稳定结构的固定薪酬比例较高（通常高于60%）、浮动薪酬比例较低（通常低于40%），实施这类薪酬结构的岗位通常是与企业业绩关联度较低的岗位，如财务岗位、人力资源管理岗位、行政助理岗位等。平衡结构指的是固定薪酬比例和浮动薪酬比例持平，实施这类薪酬结构的岗位通常是经营状况较稳定的企业，以及对企业业绩和岗位人员素质要求并重的岗位，如技术研发岗位、生产工艺岗位等。三种薪酬结构的特点和优缺点如表6-7所示。

表6-7　不同薪酬结构的特点和优缺点

薪酬结构	特点	优点	缺点
高弹性结构	以浮动薪酬为主	激励性较强	员工压力较大，缺乏安全感，可能使员工离职率增高、忠诚度降低，稳定性较差
高稳定结构	以固定薪酬为主	员工有较强的安全感，忠诚度较高，稳定性较强	激励性较差，员工的积极主动性不高，员工工作压力较小
平衡结构	固定薪酬和浮动薪酬平衡	平衡激励、稳定	专业性强

（2）短期/长期薪酬结构。短期薪酬包括工资、绩效、奖金、福利等短期激励，长期薪酬包括期权、股权、业绩共享计划、内部创业等长期激励。对于短期薪酬而言，其优势在于，能够充分发挥激励作用，缺点是会导致员工及整个企业的短视行为。长期薪酬可以引导员工关注企业长期效益，但存在因长期目标无法衡量或者风险过大而导致对员工激励不足的局限性。两者的比例设计要依据企业所处的不同阶段和不同职位有针对性地设置。一般来说，当企业处于快速发展阶段，长期薪酬可以促进员工和企业共同发展，长期薪酬对企业高层管理人员会更有激励性。

总之，薪酬结构的设计通常要考虑固定薪酬和浮动薪酬的比例、短期薪酬和长期薪酬的比例。由于企业不同层级员工的薪酬需求各有不同，如表6-8所示，因此，通常情况下，企业对不同层级员工的固定薪酬和浮动薪酬的比例、短期薪酬和长期薪酬的比例也不尽相同。对于普通员工来讲，固定薪酬比例最高，浮动薪酬比例次之；短期薪酬在薪酬总额中占了绝大部分的比重。对于中层管理人员来讲，固定薪酬比例有所降低，浮动薪酬比例提高；短期薪酬在薪酬总额中的比例有所下降，但仍是主要组成部分。对于高层经理人员来讲，固定薪酬比例最低；短期薪酬占薪酬总额的比例下降，甚至可能低于长期薪酬所占的比例。

表6-8　企业不同层级员工的薪酬需求

排序	基层员工	事务人员	专业人员	管理者
1	薪酬	薪酬	晋升	薪酬
2	稳定	晋升	薪酬	晋升
3	尊重	管理	挑战性	权威
4	管理	尊重	新技能	成就
5	晋升	稳定	管理	挑战性

这里以企业中几类典型岗位的薪酬结构比例为例，具体见表6-9，供大家学习参考。

表6-9　典型岗位的薪酬结构比例

岗位	固定工资	各类津贴或福利	短期激励	长期激励
高层管理人员	10%～20%	10%～20%	20%～40%	30%～60%
市场营销岗位	40%～60%	10%～20%	20%～40%	10%
采购供应岗位	50%～80%	5%～10%	10%～30%	0～10%
客服人员	40%～60%	5%～20%	20%～30%	0～5%
质量管理岗位	60%～80%	5%～10%	10%～30%	0～5%
人力资源岗位	70%～80%	5%～10%	10%～20%	0～10%
财务会计岗位	70%～80%	5%～10%	10%～20%	0～10%
行政后勤岗位	70%～80%	5%～10%	10%～20%	0～5%
仓储物流岗位	70%～80%	5%～10%	10%～20%	0～5%

6.3.7　制定薪酬制度

薪酬制度是一个比较宽泛的概念，是企业各种单项薪酬制度的总和，具体包括工资制度、奖励制度、福利制度和津贴制度。薪酬制度是规范薪酬管理的重要环节，也是薪酬日常管理的执行依据。制定薪酬制度的步骤包括：标明制度的名称（如工资总额计划，薪酬构成制度、奖金制度、长期激励制度等），明确制度的作用对象和范围，明确支付和计算标准，涵盖该项薪酬管理的所有工作内容（如支付原则、等级划分、过渡方法等）。

工具：福利
制度范本

6.3.8 薪酬管理实施和反馈

工具：薪酬满
意度调查

在薪酬管理实施中，人力资源部应当做好日常薪酬管理工作，并反馈实施中出现的问题以便及时做出调整。具体包括以下步骤。

（1）制订年度员工薪酬计划，对薪酬计划执行情况进行统计分析。

（2）深入调查了解各类员工的薪酬状况，进行必要的员工满意度调查。

（3）对报告期内人工成本进行核算，检查人工成本计划的执行情况。

（4）根据公司薪酬制度的要求，结合各部门绩效目标的实现情况，对员工的薪酬进行必要的调整。

6.4 薪酬管理实务操作训练

6.4.1 实训项目：薪酬激励

1. 实训目的

通过实训，学生能够掌握薪酬激励的内容，并能根据企业实际开展薪酬管理工作。

2. 实训类型

角色扮演、综合性实训。

3. 实训环境

电脑、投影仪、麦克风、人力资源管理仿真实验室。

微课：薪酬管
理注意事项

4. 实训背景资料

陈峰（化名）是广州某 IT 企业的技术部经理，他在公司工作已经有五年了，一直对公司忠心耿耿，业务也做得很不错。随着个人的不断发展，陈峰在行业内有了一定的知名度，竞争对手开始频繁约他见面。公司高层知道后，让人力资源部经理找陈峰谈谈，想了解他对薪资有没有什么要求，但是几次谈话下来陈峰都没说什么，只说服从公司安排。公司便觉得没有必要给他调整薪酬。然而，突然有一天，陈峰递交了一份离职报告。

5. 实训任务

根据背景资料，如果你是广州某 IT 企业的人力资源部经理，你会怎样挽留陈峰？

6. 实训步骤

（1）课前准备与任务布置：①划分任务小组，一般每组 5 ～ 7 人。②指导教师向各组提供实训资料和阅读书目，学生提前熟悉实训任务。

（2）课中角色扮演与评价：①教师讲解薪酬激励的重点和难点。②各个小组分别推选人力资源部经理和技术部经理两个角色。③教师和同学认真观察人力资源部经理和技术部经理的言行，教师进行点评总结，各小组开展自评、互评。

（3）课后总结与提升：各小组撰写实训报告，并完成拓展阅读。

6.4.2 实训项目：设计薪酬体系方案

1. 实训目的

通过实训，学生能够掌握薪酬管理的流程、方法和工具，并能根据企业实际设计薪酬体系方案。

2. 实训类型

电脑操作与演示、综合性实训。

3. 实训环境

电脑、投影仪、麦克风、人力资源管理仿真实验室。

4. 实训背景资料

XD 公司是一家致力于安防产品研发、制造和销售的生产型企业。公司在发展初期非常注重管理规范，并在调动员工工作积极性方面做了很多文章，多年来形成了较为完善的薪酬管理制度。随着公司规模的不断扩大，员工数量也在不断增加。公司管理者原来以为在既有的实践证明非常有效的管理制度下，公司规模发展后业务量和公司绩效也会不断提升。但令公司没有想到的是：伴随着公司业务量的增长，客户投诉量也在不断增加。

原因在于：优秀员工失去了原有的工作热情，技术骨干由于感觉到薪酬水平长期低于市场水平而离职。员工流失和员工工作缺乏主动性，使得公司的经营出现困难。公司的管理层认识到了事态的严重性，决定对公司进行薪酬制度改革，率先改革了研发人员的工资发放机制。面对工资水平的改善，员工工作热情又被调动起来了，但这种状况并没有持续很长时间，员工的工作态度又回到了改革前的样子。

深入调查后发现，该公司研发人员的薪资采取基本工资加奖金的方式，且不同部门、不同岗位的员工收入差别较小。新的工资制度改革的思想是：奖金发放与技术研发相结合，研发人员可按照研发产品在市场的销售额的一定比例提成，部分研发人员薪水马上有所提高。但是新的问题也出现了：研发人员为了挣得较多薪水，只对自己研发的产品负责，对除自己产品之外的工作不感兴趣，研发部门形成单兵作战的局面。

为了在竞争中保持有利地位，公司的老员工不愿意与年轻员工共享经验，致使年轻员工进步很慢，发展空间较小。公司为了谋发展，需开发有市场竞争力的产品，但因员工大多目光短视，致使难度大的产品无人开发。这种不健康发展状况不但导致员工间的收入差距加大，而且使优秀员工纷纷离职。老员工不愿共享其工作经验，新员工需自己重新摸索，这不但浪费了大量时间，而且使公司重复投入了大量实验材料。公司除了实行奖励政策外，还计划实行相对应的惩罚措施，即对研发产品不适应市场需求的研发人员给予一定的惩罚。政策还未出台就引发了广大员工的争议。大家普遍认为，产品开发的计划是上级部门制订的，因此，当产品遇到市场风险时，不能仅由研发者承担。步履维艰的管理措施使公司领导陷入了困境。

5. 实训任务

根据背景资料，请你为 XD 公司的研发人员设计一套薪酬改革方案。

6. 实训步骤

（1）课前准备与任务布置：①划分任务小组，组成 XD 公司的人力资源部，一般每组 5～7 人。②每组推选一位成员担任组长，即人力资源部经理；小组成员任务分配可自行决定。③指导教师向各组提供实训资料和阅读书目，学生提前熟悉实训任务。

（2）课中方案设计与评价：①教师讲解薪酬管理的重点和难点。②各小组根据实训资料设计方案，教师给予必要的指导。③各小组派 1 名代表进行分享演讲，教师和其他小组就相关问题提问。④教师进行点评总结，各小组开展自评、互评。

（3）课后总结与提升：各小组撰写实训报告，并完成拓展阅读。

知识与能力训练

测验题

讨论题

CHAPTER 7
第七章　劳动关系管理

改进并不等于转型，转型是改变企业在客户和员工心中的根本形象。转型着重于创造心理占有率，而非市场占有率。

——美国管理学家戴维·尤里奇

⊕ 学习目标

- 掌握企业文化管理的内容和实务操作
- 掌握劳动关系管理的相关法律法规
- 掌握劳动关系管理的程序和实务操作
- 能够根据企业实际开展劳动关系管理工作

引导案例

打造雇主品牌：联想的劳动关系管理

联想控股股份有限公司（以下简称联想）以"产业报国"为己任，经过 30 多年的成长，现已成为一家根植于中国，服务国内市场，兼具国际化业务的产业运营与投资集团。2022年，联想荣获"福布斯全球最佳雇主""福布斯中国年度最佳雇主""中国年度最具可持续发展力雇主"等称号。雇主品牌是企业竞争优势的重要基石，联想通过打造雇主品牌管理员工关系，实现企业与员工的共同发展。

1. 打造多元包容的工作环境

联想打造了极具人文关怀的工作环境，园区内健身房、美发店、洗衣房、鲜花店、幼儿园 / 托儿所、哺乳室、按摩室和卫生服务站等配套设施一应俱全；公司也经常开展"女性员工关爱月"、联想 Family Day 等活动。联想计划到 2025 年将女性高管比例从 21% 提升至 27%。同时，联想已签署联合国妇女署《赋权予妇女原则》，以推动工作场所、市场和社区中的性别平等和女性赋权。

此外，联想还支持员工创建内部组织，打造丰富的员工社区活动，营造积极向上、多元进取的工作环境。目前，公司已经建立了 14 个员工资源组，保障员工利益，促进员工间的互助交流。例如，联想女性领导力资源组旨在为女性员工提供专业的职业发展和技能培训，联想新星计划专为职场新人提供帮助等。

2. 打造有吸引力的薪酬福利体系

联想通过设置总裁特别奖、部门特别奖、专利奖、知识分享奖、竞赛奖等多样的奖金模式，全方位奖励对企业有贡献的员工。公司的股权激励模式，既吸引了企业外部的人才，又留住了企业内部的优秀人才。联想在福利保障上让员工没有后顾之忧，老有所养、病有所医，包括补充养老计划、补充医疗计划，这些福利也让员工能够全身心投入工作。联想是第一个实行企业养老金的公司，工作 90 天以上的正式员工均有权利加入企业年金计划，即在为每名员工缴纳社会保险的基础上，还为员工购买补充商业医疗、人身意外保险等，并为员工子女购买补充商业医疗保险。

3. 实行人情味管理

联想为员工提供工作和生活的平衡，比如员工是不用打卡的（工厂工人、公司前台因为必须定点工作、协同合作，要按时到岗），实行弹性工作制。联想还建立了很多温情的福利制度，关注员工及其家人身心健康。例如，联想是中国本土企业中首批引进"EAP 专业咨询服务"的公司，希望帮助员工及其家人处理工作和生活中的烦恼。公司内部还设立了子女奖学金和小学生托管中心，让员工能够更加专注地投入工作。

此外，联想为了鼓励员工创新，还推出了小强创业、头脑风暴论坛、创新科技大会、黑客马拉松和公司内部思维辩论大赛。员工如果想创业，可以不用辞职，留在公司内部创业和创新，公司还会给员工 100 万启动资金"扶上马、送一程"。如果创业项目和公司主营业务相去甚远，公司还会帮员工寻找新的投资人；如果与公司的主营业务较为相关，则有可能变成公司的新业务。

（资料来源：殷凤春，等．人力资源管理实践案例分析 [M]. 北京：电子工业出版社，2021：194-198；联想集团官方网站：https://brand.lenovo.com.cn/）

7.1 企业文化管理

7.1.1 企业文化如何成为企业无形的竞争力

对于"文化"一词，学界一直没有一个公认的定论，可以理解为人们在长期的生活与工作中普遍认可的价值观、思维方式、行为规范等方面的总和，具有一致性与传承性。企业文化是指企业发展过程中形成的使命、愿景、核心价值观和企业各种行为规范的总称。建设企业文化的目的是创建企业的价值、利益、责任和文化共同体。企业文化对企业的发展有着至关重要的作用，是企业发展壮大的灵魂。那么，怎样才能让企业文化发挥作用，成为企业无形的竞争力呢？

1. 必须提炼企业发展过程中形成的使命、愿景、核心价值观

这里一定要区分使命、愿景、核心价值观的含义。使命是指企业存在的根本价值和追求的终极目标，回答的是"企业为人类作出什么样的贡献和创造什么样的价值"的首要问题。愿景是指企业的发展蓝图，反映了企业对未来的期望，回答的是"企业的中长期目标是什么"的关键问题。核心价值观是指企业中指导决策和行动的永恒原则，回答的是"企业长期奉行的坚定信仰是什么"的根本问题。对这几个概念的厘清非常重要，现实中，有大量企业对使命、愿景、核心价值观提炼不到位，导致其在企业文化的宣传引导和落地过程中走样。

2. 必须建立完整的制度文化体系

制度文化体系是企业文化的血肉，在企业的使命、愿景和核心价值观确定后，企业要在此基础上实现企业文化落地，将其体现在企业的文化手册、规章制度、企业形象等方面。在制度文化体系层面，要把企业核心价值观作为员工的行为标准，从行为层次来定义企业的核心价值观。既要注重对外展示，通过企业形象系统规划，对企业标志、广告宣传板等进行统一、科学的设计，宣传企业文化；更要加强对内传播，通过员工行为规范、企业文化墙的精心布置等，从多个渠道传播企业文化，保证企业的所有员工领会并认同企业文化。

3. 必须根据企业的不同发展阶段形成不同的企业文化落地措施

在企业的初创期，必须鲜明地提出企业的价值主张，即企业倡导什么、反对什么。在企业的成长期，必须围绕核心价值观，组织全体员工分别提出具体主张，如企业人才观、服务观、安全观、时间观、学习观等，可以号召员工自己撰写，也可以让员工收集提交，初步形成企业的文化体系，再组织员工将自己感兴趣或有见解的观点写成文章，或提供标杆人物事迹，在企业内部开展学习宣讲企业价值主张的活动。在企业发展壮大阶段，必须进一步丰富企业文化体系，丰富标杆人物事迹或典型案例，让企业文化建设有血有肉，要营造积极健康的文化氛围，使团结奋进的向上精神能够感染企业中的每个人，让企业文化成为企业发展不可或缺的力量。

4.企业文化的建设理念必须坚持"虚实结合"

一般来说，企业文化既有"虚"的方面，也有"实"的方面。"虚"的方面是指意识形态上的核心价值观和思维方式；"实"的方面是指具体行为上的行为规范、方式方法等制度文化体系。这里，我们并不赞同片面划分企业文化中的"虚"和"实"，因为企业文化只有"实"没有"虚"，即使看起来是"虚"的部分，也要把"虚"的东西做"实"了。文化最终体现的是"言行举止"，它一定是看得见、摸得着、听得到的东西。

总之，企业文化具有激励、凝聚、引导等多方面的积极作用，在企业文化建设的过程中，一定要经历入眼、入脑、入心、入行的循序渐进的过程。只有这样，才能确保企业文化成为企业发展的灵魂，成为企业无形的竞争力。

7.1.2 企业核心价值观的提炼和落地

在建设企业文化的过程中，企业核心价值观的提炼至关重要。那么，怎样才能提炼出真正符合企业生命体成长特征的核心价值观并让其真正发挥作用呢？

1.核心价值观提炼的方法和步骤必须遵循科学

提炼核心价值观的通常做法是，先在企业高层形成一个能够统一的核心价值观初稿，然后在企业内部开展所有员工都参与的核心价值观讨论，共同对核心价值观及其价值体系内容做出详细定义，讨论越充分，对核心价值观内容的认识就越细致，员工也就越能把握核心价值观的要求及行动的方向。在进行核心价值观的讨论中，可以采用追问系列问题的方式，如"我们讨论的核心价值观，不管是否对企业有利，是否都会坚持下去？你是否会要求你的家人追求同样的核心价值观？如果你现在很富有，是否还会坚守这个核心价值观？这个核心价值观是不是可以坚持100年还很有意义？如果核心价值观存在不利于企业竞争的方面，你还会坚持吗？如果要创办其他企业，你是否还会坚持这样的核心价值观？"等一系列问题。只有通过对这一系列问题的不断回答和思考，才能不断深化企业对核心价值观的理解和坚持。企业在经过最为充分的讨论后，才能最终形成符合自身发展要求的核心价值观。

2.核心价值观内容的提炼必须做到简单实用

一家企业真正有效的核心价值观，在内容上必须能真实反映企业长期坚持的基本信条。因此，在核心价值观提炼的数量上不宜太多，可以是1～2条，也可以是3～5条，核心价值观提炼太多就无法体现其作用。对核心价值观的表述应该力求简单、清楚、直接、形象、有力，以让员工容易理解、方便记忆为标准。切忌使用过于晦涩、难于理解的词语，也不要停留在过于空洞的口号层面，要具体落实到可操作层面。此外，核心价值观的提炼还应该体现企业的个性化趋势，但也不能为了体现企业个性化而忽略核心价值观的真正功能。

3.善于以"故事"形式宣传引导核心价值观

许多企业都提炼过核心价值观，也会在核心价值观提炼之后进行不同程度的宣传引导，但并没有取得预期的效果。究其原因，是核心价值观的宣传引导形式过于简单、宣传引导内容空洞无吸引力，这就很难引起员工对核心价值观的共鸣。因此，在企业核心价值观的宣传引导上，要学会讲故事，讲企业如何坚持核心价值观不断发展的历史故事，讲创始人如何坚持核心价值观的创业故事，讲员工如何坚持核心价值观的成长故事等。综观阿里巴巴、华为、海尔等优秀企业文化的落地，都是伴随着一系列的故事的，故事讲得越多，就越能起到内化文化、激励员工的效果。

4.坚持把核心价值观融入企业所有重大事件或活动中

企业所有重大事件或活动都应该体现核心价值观的精髓，如每年的年会、企业的重大庆典活动，都是进行企业价值观宣传引导的最好时机。另外，在对企业内部员工晋升和管理人员提拔上，要进行价值观考察，让其成为员工晋升和人员提拔的首要必备条件。同时，对不符合企业核心价值观的员工特别是管理人员，要坚决进行清除。只有长期的宣传引导，才能让核心价值观成为指导企业决策和员工行为的永恒原则，最终让企业文化成为企业无形的竞争力。

7.1.3　企业使命和企业愿景的提炼

如前文所述，企业使命是企业存在的根本价值和追求的终极目标，企业愿景是企业的发展蓝图。一家企业如果没有使命和愿景，那只是一家知道在做什么、何时做，却不知道为什么而做的企业，就无法使员工产生内在驱动力，也很难成为"百年企业"。那么，应该如何提炼企业使命和企业愿景呢？

1.明晰企业使命和企业愿景的内涵

企业使命是企业存在的根本原因，是企业不断发展的灯塔，指引着企业努力发展的方向，是企业永远的目标追求。企业愿景是企业制定的发展蓝图和期望实现的中长期目标，这种中长期目标应该是对企业今后10年至30年目标的行动描绘。因此，在企业使命和企业愿景的提炼上，应该明晰两者内涵，起到充分激励所有员工的作用。

2.采用不断追问的方法提炼企业使命和企业愿景

在企业使命的提炼上，必须不断追问的是"做什么？有什么？要什么？最不能放弃的是什么？"等一系列问题。比如，众所周知的迪士尼公司对这些问题的回答是：迪士尼是经营娱乐的，迪士尼有娱乐场所，迪士尼要让人快乐，迪士尼最不能放弃的就是快乐。由此得出迪士尼的使命："让世界快乐起来(make the world happy)。"在企业愿景的提炼上，必须不断追问的是"十年目标是什么？二十年目标是什么？三十年目标是什么？最宏大的目标是什么？"等一系列问题，对这些问题的回答能让企业不断明晰愿景。

3.企业使命和企业愿景的提炼应体现一定的高度

使命是企业永恒的灯塔，照亮企业前行之路。因此，提炼企业使命时，内容上要体现企业存在的本质，能够起到指导和激励作用；语言上要精练准确；高度上要站在人类、世界的高度。愿景是把企业远大的抱负与富有挑战性的目标结合起来，最终描绘的是一幅企业心目中的"成功蓝图"。在对企业愿景的提炼上，必须体现宏大的目标和对这个目标的生动描绘，即企业愿景是一个具有很大挑战性和能让所有员工充满激情去实现的宏伟目标。

7.1.4　企业文化墙的设计

企业文化墙一般是指在企业办公楼的大厅、走廊及企业其他公共地点，通过图片和文字说明，对企业文化进行宣传的一种方式。企业文化墙的设计除了在表现形式上要丰富多彩外，还应注重对设计内容的精选和提炼。那么，在企业文化墙的内容设计上，我们应该把握哪些关键点呢?

1.必须体现企业文化的系统性

企业文化的系统性是指至少应该包括董事长寄语、企业发展历程、企业使命、企业愿景、核心价值观和企业经营理念等企业文化核心层的内容，也应该包括企业组织形式、企业关键制度、企业领导机制等企业文化制度层的内容，还应该包括企业标志、商标及徽章等企业文化表层的内容。因此，企业文化墙的内容不是简单的几个口号、几个标语就行了，而是应该反映一家企业整体的内涵，体现其历史底蕴和系统性，是企业凝聚力的重要载体。

2.必须体现企业文化的导向性

一个好的企业文化墙的设计，其重要功能之一是能够起到很好的导向作用，能够引导企业员工朝着企业倡导的方向前行，也能够规范员工的行为举止，促使员工养成良好的工作习惯，并能将企业文化的要求自觉融入自己的工作中。因此，企业文化墙的内容必须体现企业文化的导向性，明确企业倡导什么、反对什么，使企业文化墙成为所有员工行为的标准。

3.必须体现企业文化的激励性

企业文化的一项重要功能是激励功能，企业文化墙的内容设计也应体现激励性，要能够让员工每次看到文化墙，都会因为自己是企业的一员而产生自豪感和荣誉感，能够给员工的工作热情带去源源不断的动力。因此，企业文化墙的内容，不仅仅是模范员工照片的简单展示，更多的应该是体现员工励志过程及成长途径，传导的是每个员工只要经过自己的努力，就能实现人生理想和目标追求的信念。企业员工这种励志信念的培育，就是企业文化墙激励性的重要体现。

7.2　劳动关系管理实务操作流程

7.2.1　劳动关系管理的程序

"劳动关系"，英文为"labor relations"，指的是管理方与劳动者个人及团体之间产生的、由双方利益引起的关系，表现为合作、冲突、力量和权力关系的总和。一个员工从入职开始，到正常退休或者非正常退出的整个过程

工具:
《劳动合同法》

中，劳动关系始终处于冲突和合作的博弈之中。而劳动关系管理在员工从入职到退出的整个过程中，起到不可或缺的作用，其价值就在于实现管理方和员工之间的平衡。通过劳动关系管理，企业希望提高员工的忠诚度、满意度和敬业度，进而提升企业的竞争力、保障企业的健康经营。一般来说，劳动关系管理的程序包括入职管理、在职管理、离职管理三大步骤，如图 7-1所示。

走近 HR：员工关系处理技巧

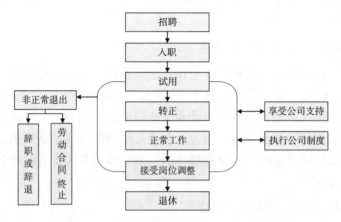

图 7-1　劳动关系管理的程序

7.2.2　员工入职管理

员工入职管理，不仅能保证员工在入职阶段基本的手续办理、合同签订、试用期满后转正等流程的标准化、规范化，更是让新员工快速融入企业文化、适应工作角色的方法。员工入职管理的基本流程如图 7-2 所示。

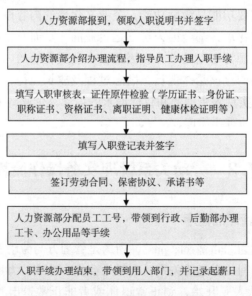

图 7-2　员工入职管理的基本流程

人力资源部在为员工办理入职手续时，应注意以下事项。

（1）应核查确认员工与上一家企业是否已解除劳动关系，有无劳动纠纷；对于特殊或敏感岗位，应提前审查确认候选人是否还处在竞业限制期。

（2）应向员工明确企业规章制度，最好以员工手册的形式发放给员工。

（3）根据《劳动合同法》第八十二条规定，"用人单位自用工之日起超过一个月不满一年未与劳动者订立书面劳动合同的，应当向劳动者每月支付二倍的工资"。因此，劳动合同需要在劳动者工作之日起的一个月内签订。

（4）签订劳动合同时，人力资源部应该主动告知员工工作内容、工作职责、工作条件、工作时间、可能存在的职业危害、职业安全状况、劳动报酬等员工需要了解和掌握的信息。

同时，新员工入职环节还存在各种风险，国家的法律法规对此都有相应规定，企业应避免在这些问题上犯错。常见的入职风险规避包括以下几项。

（1）禁止招用未满16周岁的未成年人，即使该未成年人主观上想到企业工作。法律依据为《禁止使用童工规定》。

（2）用人单位要保存好新员工的相关录用材料，建立员工名册。法律依据为《劳动合同法实施条例》。

（3）劳动者就业，不因民族、性别、宗教信仰等不同而受到歧视。用人单位招用人员，不得以是传染病病原携带者为由拒绝录用。法律依据为《就业促进法》。

（4）企业不得让劳动者提供财物或扣押劳动者的证件，作为劳动关系的担保。法律依据为《劳动合同法》。

（5）禁止招用没有合法证件的人员。法律依据为《就业服务与就业管理规定》。

（6）禁止欺诈、胁迫或乘人之危，禁止在违背当事人意愿的情况下订立劳动合同。法律依据为《劳动合同法》。

（7）企业对员工的个人信息有保密的义务，不得泄露员工的个人信息或擅自使用劳动者的劳动成果。法律依据为《就业服务与就业管理规定》。

（8）在"入职登记表"填写及入职资料收集的过程中，应尽量避免涉及与履行劳动合同无关的个人信息。法律依据为《个人信息保护法》。

7.2.3 劳动安全卫生管理

1. 相关法规规定

为保障员工在工作中的安全与健康，我国的《劳动法》和《劳动合同法》对劳动安全卫生作出规定，比如《劳动法》第五十二条规定："用人单位必须建立、健全劳动安全卫生制度，严格执行国家劳动安全卫生规程和标准，对劳动者进行安全卫生教育，防止劳动过程中的事故，减少职业危害。"此外，我国还有一系列与《劳动法》相配套的劳动安全卫生法规和安全卫生的国家标准，如《生产安全事故报告和调查处理条例》《矿山安全法》《职业病防治法》《安全生产法》《用人单位劳动防护用品管理规范》等。企业的劳动安全卫生管理制度和规程内容如表7-1所示。

表 7-1　劳动安全卫生管理制度和规程内容

制度和规程	内容
劳动安全卫生管理制度	安全生产责任制、安全技术措施计划制度、安全生产教育制度、安全生产检查制度、安全卫生监察制度、伤亡报告和处理制度
劳动安全技术规程	技术措施、组织措施
劳动卫生规程	各种行业生产卫生、医疗预防、健康检查等
伤亡事故报告和处理制度	伤亡事故的种类、伤亡事故的报告和调查、伤亡事故的处理

2. 职业健康检查

我国的《职业病防治法》对员工的职业健康检查作出规定，企业实施安全卫生管理时必须重视对员工职业健康检查的具体操作。根据《职业病防治法》第三十五条规定："对从事接触职业病危害的作业的劳动者，用人单位应当按照国务院卫生行政部门的规定组织上岗前、在岗期间和离岗时的职业健康检查，并将检查结果书面告知劳动者。职业健康检查费用由用人单位承担。用人单位不得安排未经上岗前职业健康检查的劳动者从事接触职业病危害的作业；不得安排有职业禁忌的劳动者从事其所禁忌的作业；对在职业健康检查中发现有与所从事的职业相关的健康损害的劳动者，应当调离原工作岗位，并妥善安置；对未进行离岗前职业健康检查的劳动者不得解除或者终止与其订立的劳动合同。职业健康检查应当由取得《医疗机构执业许可证》的医疗卫生机构承担。卫生行政部门应当加强对职业健康检查工作的规范管理，具体管理办法由国务院卫生行政部门制定。"

企业在进行职业健康检查时，应注意以下事项。

（1）在新员工入职前，人力资源部需向新员工了解在原单位从事的工作岗位是否涉及职业病危害因素，如涉及，员工须提交原单位的职业健康检查体检报告，并盖有原单位公章。在新员工未入职前，组织其接受职业健康体检。

（2）一般情况下，体检每年至少组织一次。由公司统一领取检查报告，在告知员工结果后统一存档。如发现存在职业禁忌证、疑似职业病、职业病等，应根据规定对其进行复查，必要时可调岗。

（3）如果有涉及职业病危害岗位的员工提出离职申请，人力资源部须要求该员工在办理离岗手续时做职业健康体检，员工的体检报告应交回人力资源部存档。

7.2.4　劳动合同管理

1. 劳动合同的内容

劳动合同的内容分为必备条款和约定条款。《劳动合同法》规定，劳动合同的必备条款包括以下几个方面。

（1）用人单位的名称、住所、法定代表人或者主要负责人。

（2）劳动者的姓名、住址和居民身份证或者其他有效身份证件号码。

（3）劳动合同期限。劳动合同期限分为固定期限、无固定期限和以完成一定工作任务为期限三种。

工具：
劳动合同范本

（4）工作内容和工作地点。

（5）工作时间和休息休假。

（6）劳动报酬。

（7）社会保险。

（8）劳动保护、劳动条件和职业危害防护。

（9）法律、法规规定应当纳入劳动合同的其他事项。

劳动合同中的约定条款是用人单位和员工双方经过协商自主约定的内容，如关于试用期、培训、保守秘密、补充保险和福利待遇等事项。比如，《劳动合同法》第二十三条规定："用人单位与劳动者可以在劳动合同中约定保守用人单位的商业秘密和与知识产权相关的保密事项。对负有保密义务的劳动者，用人单位可以在劳动合同或者保密协议中与劳动者约定竞业限制条款，并约定在解除或者终止劳动合同后，在竞业限制期限内按月给予劳动者经济补偿。劳动者违反竞业限制约定的，应当按照约定向用人单位支付违约金。"同时，《劳动合同法》对竞业限制的对象也作出了规定，仅限于用人单位的高级管理人员、高级技术人员和其他知悉用人单位商业秘密的人员。在不违反法律法规的前提下，用人单位和劳动者可以约定竞业限制的范围、地域和期限。

2. 劳动合同的订立

劳动合同订立是指用人单位与劳动者就劳动合同的具体内容，通过平等协商达成一致意见，并以书面形式依法签订协议，建立劳动关系的法律行为，且劳动关系双方明确各自的责任、义务和权利的过程。《劳动合同法》第十条规定："建立劳动关系，应当订立书面劳动合同。已建立劳动关系，未同时订立书面劳动合同的，应当自用工之日起一个月内订立书面劳动合同。用人单位与劳动者在用工前订立劳动合同的，劳动关系自用工之日起建立。"

劳动合同订立的过程一般分为要约和承诺两个阶段，由用人单位提出劳动合同草案、双方协商劳动合同内容、签约。《劳动合同法实施条例》对约束双方当事人订立劳动合同分别作出了相应规定。比如，《劳动合同法实施条例》第五条规定："自用工之日起一个月内，经用人单位书面通知后，劳动者不与用人单位订立书面劳动合同的，用人单位应当书面通知劳动者终止劳动关系，无需向劳动者支付经济补偿，但是应当依法向劳动者支付其实际工作时间的劳动报酬。"用人单位必须在劳动关系建立后一个月内签订书面劳动合同，超过一个月未签订的，用人单位须每月向劳动者支付双倍工资，并与劳动者补签书面劳动合同。如果劳动者拒签书面劳动合同，应当书面终止劳动关系并支付经济补偿。用人单位如果自用工之日起满一年不与劳动者订立书面劳动合同的，视为已签订无固定期限劳动合同，且用人单位需向劳动者支付 11 个月的双倍工资。

3. 劳动合同的变更

劳动合同的变更是指劳动合同在履行过程中，经双方协商一致，对合同条款进行修改、补充或者删除的法律行为，具体包括工作地点、工作内容、工资福利变更等。根据《劳动合同法》第三十五条规定："用人单位与劳动者协商一致，可以变更劳动合同约定的内容。变更劳动合同，应当采用书面形式。"劳动合同变更的程序具体包括以下几个步骤。

（1）提出变更要求。当事人一方要求变更劳动合同相关内容的，应当将变更要求以书面形式送交另一方，向对方提出变更合同的要求和理由，并约定答复期限。

（2）达成书面协议。答复方在规定的期限内给予答复，同意、不同意或提议再协商。双方经过协商并在达成一致意见的基础上，书面记载变更的内容。

（3）双方各执一份。变更后的劳动合同文本由用人单位和劳动者各执一份。

变更劳动合同还应注意以下问题。

（1）必须在劳动合同依法订立之后，在合同没有履行或者尚未履行完毕之前的有效时间内进行。

（2）必须坚持平等自愿、协商一致的原则，不允许单方变更，须经过用人单位和劳动者双方当事人的同意。

（3）必须合法，不得违反法律、法规的强制性规定。劳动合同的变更并非任意的，变更的内容必须符合法律、法规的相关规定。

工具：协商解除劳动合同

（4）变更劳动合同必须采用书面形式，任何口头形式达成的变更协议都是无效的。

4.劳动合同的解除

劳动合同解除是指劳动合同订立后，尚未全部履行以前，某种原因导致的劳动合同一方或双方提前终止劳动关系的法律行为，其分为约定解除和法定解除两种。《劳动合同法》对劳动合同的解除有严格的限制条件，有关《劳动合同法》的规定如表7-2所示。

工具：解除劳动合同通知书

表7-2　劳动合同解除的分类和《劳动合同法》的有关规定

分类	劳动合同法规定
双方协商一致约定解除劳动合同	《劳动合同法》第三十六条规定："用人单位与劳动者协商一致，可以解除劳动合同。"
劳动者单方法定解除劳动合同	《劳动合同法》第三十七条规定："劳动者提前三十日以书面形式通知用人单位，可以解除劳动合同。劳动者在试用期内提前三日通知用人单位，可以解除劳动合同。"《劳动合同法》第三十八条规定："用人单位有下列情形之一的，劳动者可以解除劳动合同：（1）未按照劳动合同约定提供劳动保护或者劳动条件的；（2）未及时足额支付劳动报酬的；（3）未依法为劳动者缴纳社会保险费的；（4）用人单位的规章制度违反法律、法规的规定，损害劳动者权益的；（5）因本法第二十六条第一款规定的情形致使劳动合同无效的；（6）法律、行政法规规定劳动者可以解除劳动合同的其他情形。"在这些情形下解除劳动合同，劳动者只需要通知用人单位即可，无须征得用人单位同意。"用人单位以暴力、威胁或者非法限制人身自由的手段强迫劳动者劳动的，或者用人单位违章指挥、强令冒险作业危及劳动者人身安全的，劳动者可以立即解除劳动合同，不需事先告知用人单位。"劳动者根据这些情形解除劳动合同，用人单位须向劳动者支付经济补偿。

分类	劳动合同法规定
用人单位单方法定解除劳动合同	《劳动合同法》第三十九条规定："劳动者有下列情形之一的，用人单位可以解除劳动合同：（1）在试用期间被证明不符合录用条件的；（2）严重违反用人单位的规章制度的；（3）严重失职，营私舞弊，给用人单位造成重大损害的；（4）劳动者同时与其他用人单位建立劳动关系，对完成本单位的工作任务造成严重影响，或者经用人单位提出，拒不改正的；（5）因本法第二十六条第一款第一项规定的情形致使劳动合同无效的；（6）被依法追究刑事责任的。"用人单位在这些情形下解除劳动合同，无须提前三十日通知，且不受用人单位不得解除劳动合同的法律限制，无须支付经济补偿。
	《劳动合同法》第四十条规定："有下列情形之一的，用人单位提前三十日以书面形式通知劳动者本人或者额外支付劳动者一个月工资后，可以解除劳动合同：（1）劳动者患病或者非因工负伤，在规定的医疗期满后不能从事原工作，也不能从事由用人单位另行安排的工作的；（2）劳动者不能胜任工作，经过培训或者调整工作岗位，仍不能胜任工作的；（3）劳动合同订立时所依据的客观情况发生重大变化，致使劳动合同无法履行，经用人单位与劳动者协商，未能就变更劳动合同内容达成协议的。"
	《劳动合同法》第四十一条规定："有下列情形之一，需要裁减人员二十人以上或者裁减不足二十人但占企业职工总数百分之十以上的，用人单位提前三十日向工会或者全体职工说明情况，听取工会或者职工的意见后，裁减人员方案经向劳动行政部门报告，可以裁减人员：（1）依照企业破产法规定进行重整的；（2）生产经营发生严重困难的；（3）企业转产、重大技术革新或者经营方式调整，经变更劳动合同后，仍需裁减人员的；（4）其他因劳动合同订立时所依据的客观经济情况发生重大变化，致使劳动合同无法履行的。"
用人单位不得解除劳动合同	《劳动合同法》第四十二条规定："劳动者有下列情形之一的，用人单位不得依照本法第四十条、第四十一条的规定解除劳动合同：（1）从事接触职业病危害作业的劳动者未进行离岗前职业健康检查，或者疑似职业病病人在诊断或者医学观察期间的；（2）在本单位患职业病或者因工负伤并被确认或者部分丧失劳动能力的；（3）患病或者非因工负伤，在规定的医疗期内的；（4）女职工在孕期、产期、哺乳期的；（5）在本单位连续工作满十五年，且距法定退休年龄不足五年的；（6）法律、行政法规规定的其他情形。"

我国法律还对用人单位单方解除劳动合同的程序作出了明确规定，具体程序操作包括以下步骤。

（1）提前书面通知。用人单位和劳动者解除劳动合同需提前三十日以书面形式通知对方。

（2）征求工会意见。《劳动合同法》第四十三条规定："用人单位单方解除劳动合同，应当事先将理由通知工会。用人单位违反法律、行政法规规定或者劳动合同约定的，工会有权要求用人单位纠正。用人单位应当研究工会意见，并将处理结果书面通知工会。"

（3）经济补偿。经济补偿金的标准主要取决于劳动者在本单位的工作年限和劳动者解除劳动合同前十二个月的平均工资水平。《劳动合同法》第四十七条规定："经济补偿按劳动者在本单位工作的年限，每满一年支付一个月工资的标准向劳动者支付。六个月以上不满一年的，按一年计算；不满六个月的，向劳动者支付半个月工资的经济补偿。劳动者月工资高于用人单位所在直辖市、设区的市级人民政府公布的本地区上年度职工月平均工资三倍的，向其支付经济补偿的标准按职工月平均工资三倍的数额支付，向其支付经济补偿的年限最高不超过十二年。本条所称月工资是指劳动者在劳动合同解除或者终止前十二个月的平均工资。"

（4）依法为劳动者办理档案转移手续。《劳动合同法》第五十条规定："用人单位应当在解除或者终止劳动合同时出具解除或者终止劳动合同的证明，并在十五日内为劳动者办理档案和社会保险关系转移手续。劳动者应当按照双方约定，办理工作交接。用人单位依照本法有关规定应当向劳动者支付经济补偿的，在办结工作交接时支付。用人单位对已经解除或者终止的劳动合同的文本，至少保存二年备查。"

7.2.5　劳动争议处理

我国现行的劳动争议处理的程序可概括为"一调一裁一审"。《劳动法》和《劳动争议调解仲裁法》对劳动争议处理的基本程序和问题作出了规定，如《劳动法》第七十七条规定："用人单位与劳动者发生劳动争议，当事人可以依法申请调解、仲裁、提起诉讼，也可以协商解决。"《劳动争议调解仲裁法》第五条规定："发生劳动争议，当事人不愿协商、协商不成或者达成和解协议后不履行的，可以向调解组织申请调解；不愿调解、调解不成或者达成调解协议后不履行的，可以向劳动争议仲裁委员会申请仲裁；对仲裁裁决不服的，除本法另有规定的外，可以向人民法院提起诉讼。"

1. 协商

劳动争议发生后，劳动者和用人单位可以自行协商和解，也可以请工会、律师等第三方与用人单位协商和解。当然，协商和解不是处理劳动争议的必经程序，如争议一方不愿协商或者协商不成的，可以向用人单位劳动争议调解委员会申请调解；如不能及时达成和解协议，应终结协商程序，选择其他处理方式。

2. 调解

劳动争议调解的组织有企业劳动争议调解委员会，依法设立的基层人民调解组织，在乡镇、街道设立的具有劳动争议调解职能的组织。劳动争议分为自愿调解和强制调解。自愿调解是当事人一方或双方自愿申请的调解；强制调解是依照法律法规由调解者出面进行，不以当事人自愿与否为条件。劳动争议处理的程序具体包括以下步骤。

（1）审查受理。调解不是劳动争议处理的必经程序，如一方当事人申请调解，另一方向仲裁委员会申请仲裁，仲裁委员会应当受理。当事人提出调解申请，可用书面或口头形式进行。口头申请的，调解组织应当场记录申请人的基本情况、申请调解的争议事项、理由和时间。调解组织收到申请人的劳动争议调解申请后，须征询对方当事人的意见，若对方当事人不愿意调解，则应做好记录，在 3 日内以书面形式通知申请人。调解组织应在 4 日内作出对该劳动争议受理或不受理的决定，并以书面形式向申请人发出受理案件通知书或不予受理案件通知书，对不受理的劳动争议，应向申请人说明原因。

（2）调查调解。调查组织对劳动争议事项进行全面调查，并在调查笔录上盖章；组织召开调解会议，依法进行调解。

（3）调解终结。经调解达成协议的，应当制作调解协议书，双方当事人签名或盖章，经调解员签名并加盖调解组织印章后生效。自劳动争议调解组织收到调解申请之日起 15 日内未达成调解协议的，当事人可以依法申请仲裁。

3.仲裁

仲裁也称公断，是由劳动争议仲裁委员会对当事人之间的争议作出评断。劳动争议处理的程序具体包括以下步骤。

（1）案件受理。劳动争议仲裁委员会收到仲裁申请之日起 5 日内，认为符合受理条件的，应当受理，并通知受理人；认为不符合受理条件的，应当书面通知申请人不予受理，并说明理由。对劳动争议仲裁委员会不予受理或者逾期未作出决定的，申请人可以就该劳动争议事项向人民法院提起诉讼。劳动争议仲裁委员会受理仲裁申请后，应当在 5 日内将仲裁申请书副本送达被申请人。被申请人收到仲裁申请书副本后，应当在 10 日内向劳动争议仲裁委员会提交答辩书。劳动争议仲裁委员会收到答辩书后，应当在 5 日内将答辩书副本送达申请人。被申请人未提交答辩书的，不影响仲裁程序的进行。

（2）案件审理。仲裁庭应当在开庭 5 日前，将开庭日期、地点书面通知双方当事人。当事人有正当理由的，可以在开庭 3 日前请求延期开庭。是否延期，由劳动争议仲裁委员会决定。申请人收到书面通知，无正当理由拒不到庭或者未经仲裁庭同意中途退庭的，可以视为撤回仲裁申请。被申请人收到书面通知，无正当理由拒不到庭或者未经仲裁庭同意中途退庭的，可以缺席裁决。当事人申请劳动争议仲裁后，可以先行和解。调解达成协议的，仲裁庭应当制作调解书。调解不成或者调解书送达前，一方当事人反悔的，仲裁庭应当及时做出裁决。

（3）裁决。仲裁庭裁决劳动争议案件，应当自劳动争议仲裁委员会受理仲裁申请之日起 45 日内结束。案情复杂需要延期的，经劳动争议仲裁委员会主任批准，可以延期并书面通知当事人，但是延长期限不得超过 15 日。逾期未作出仲裁裁决的，当事人可以就该劳动争议事项向人民法院提起诉讼。当事人对发生法律效力的调解书、仲裁书，应按照规定的期限履行。一方当事人逾期不履行的，另一方当事人可以按照《民事诉讼法》的有关规定向人民法院申请执行。

4.诉讼

劳动争议诉讼是由人民法院依法对劳动争议进行审理的活动。当事人向人民法院提出诉讼申请后，人民法院进行审查后认为符合起诉条件的，应在 7 日内立案，并通知当事人；认为不符合起诉条件的，应在 7 日内裁定不予受理；原告对裁定不服的，可以提起上诉。当事人如对人民法院做出的一审判决不服的，可依法提起二审程序，但须在一审判决书送达之日起 15 日内向上一级人民法院提起上诉，二审人民法院做出的判决为终审判决。

劳动争议产生的原因多种多样，既有劳动者层面的原因，也有企业层面的原因。从目前的劳动争议案件来看，劳动者的起诉率越来越高，胜诉率也越来越高；在劳动争议案件处理中，依法裁决的比重越来越大。为预防和减少劳动争议，人力资源部不仅要学会巧妙"处理"、做到科学"管理"，还应做好以下几方面的工作。

（1）加强劳动合同管理。严格按照《劳动合同法》的规定执行，保证全员签订劳动合同，注意劳动合同的变更管理。

（2）建立公司的各项规章制度及流程。企业的规章制度要符合国家法律法规或行业规章，规章制度要涵盖人力资源管理体系的各个方面，对违约责任要有明确的划分和界定。

（3）增强管理者的法律意识。定期组织开展管理人员培训，开展劳动争议处理获得演练和自查活动。

（4）为员工开设投诉和处理通道。员工投诉要简单易行，接到投诉后做到及时处理，处理过程客观公正，为员工开展正确处理劳动争议的宣传教育。

7.2.6 员工离职管理

1. 员工离职管理的流程

员工离职管理在企业人力资源管理体系中起着举足轻重的作用，它是企业减少人才流失、降低人力资源管理成本、保证人才有序流动、维护企业和员工合法权益、提高人力资源管理水平的重要方式。员工离职管理的基本流程如图 7-3 所示。

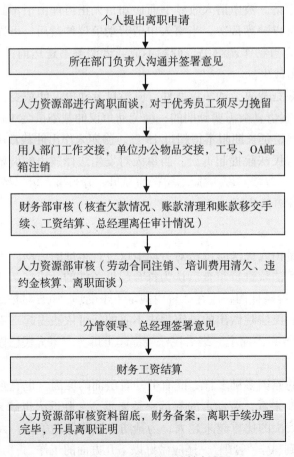

图 7-3 员工离职管理的基本流程

2. 五招留住核心员工

美国康奈尔大学的斯科特·斯耐尔（Scott Snell）教授根据人力资源的价值性和稀缺性两个维度将企业的人力资源划分为四种类型，分别是核心人才、通用人才、辅助人才和特质人才。其中，核心人才与企业的核心能力直接相关。对于组织而言，他们非常稀缺和独特，是组织变革、技术创新、市场开拓以及价值创造的组织者和实现者。作为创造企业战略价值的核心员工，留住了他们，就等于保存了企业的竞争力，促进了企业未来的发展。那么，如何才能留住核心员工呢？

走近 HR：员工满意度测评

（1）待遇留人。留住核心员工，必须采取灵活多样的薪酬福利体系，短、中、长期激励相结合，做到短期激励留住核心员工的"人"，长期激励留住核心员工的"心"。

（2）制度留人。企业规章制度是一个企业管理规范化的表现。留住核心员工，必须有明确的制度约定，严格按照制度约定去执行，做到用制度规范核心员工的行为，用制度执行让核心员工放心。

（3）工作留人。在核心员工的使用上要善于授权，敢于破格提拔，放手任用；要给核心员工充分展示自己能力的空间；要在满足核心员工物质需求的同时，给他们提供能充分发挥想象力、创造力，能满足其荣誉和成就感的空间，满足核心员工自我实现的需求，让核心员工真正感觉到工作的自主性和幸福感。

（4）文化留人。要善于用优秀的企业文化来留住核心员工，用企业愿景、使命、核心价值观、战略等来激励核心员工；要让核心员工在企业这个"家"中有安全感，不但能疏解工作疲劳，还会有共同经营企业这个"家"的满足感。

（5）感情留人。要留住核心员工，企业应该多对核心员工的生活表示关心；多使用赞扬，对核心员工在工作中的每一个良好表现都应给予充分肯定；要充分信任核心员工，通过感情来留住核心员工。

3. 离职管理的注意事项

正常范围内的员工流动对于企业而言是正常现象，但是过高的离职率会给企业发展带来较为负面的影响。企业应重视对员工离职的管理，可建立一套离职管理体系来对员工的离职进行监察和管理。

工具：离职面谈

（1）加强对员工的沟通和关心。人力资源部和用人部门管理者在平时应加强对员工的观察和关心，及时与员工进行沟通，随时了解员工的需求和心理变化，帮助员工排遣压力和对工作的不良情绪，让员工体会到公司和上级的关心，能够有效降低员工的离职意愿。

（2）善于规避离职风险。员工离职比较常见的风险有违法解雇的风险、经济补偿的风险、竞业禁止的风险和泄密的风险。因此，员工离职时，企业应严格按照相关法律法规执行。涉及经济补偿的，应签订离职协议，注明经济补偿、劳动关系解除和有无纠纷等说明。需要进行竞业限制的，最好在入职前签订竞业协议并约定经济补偿金，用人单位在员工离职后要切实履行经济补偿金的义务。对于签署保密协议的员工，应按照协议约定履行在职或离职期间保守企业相关秘密的义务。

（3）重视员工离职分析。员工离职的原因通常有个人原因、公司原因和主动淘汰三大类。其中，个人原因包括家庭、地域、个人职业发展、退休等；公司原因包括薪酬、领导、工作环境、晋升受阻等。在员工提出辞职后，人力资源部和用人部门应及时和员工进行离职沟通和面谈，了解和分析离职原因，对于优秀员工和企业核心员工以挽留为主。

（4）加快员工的工作移交进程。在接受辞呈后，离职员工应将正在开展的工作、已办而未结案的事项交接清楚，并由用人部门直接上级监督离职员工完成工作任务。人力资源部应及时与部门主管协商、沟通，寻找合适的员工接替离职员工的工作。同时，对于普通员工离职手续的办理，最好由人力资源部实行一站式管理，高级管理人员和关键岗位人员的离职手续由人力资源部指定专人亲自办理。

7.3 劳动关系管理实务操作训练

7.3.1 实训项目：劳动合同管理

1. 实训目的

通过实训，学生能够掌握劳动合同管理的内容，熟练运用劳动合同管理知识处理劳动争议。

微课：和谐劳动关系管理

2. 实训类型

角色扮演、综合性实训。

3. 实训环境

电脑、投影仪、麦克风、人力资源管理仿真实验室。

4. 实训背景资料

2021年9月4日，杨博（化名）与XQ文化有限公司签订了两年的劳动合同，担任该公司的人力资源部专员，具体负责公司的培训工作。由于公司领导要求员工培训安排在工作日的晚上，所以杨博经常在公司加班到晚上8点左右。但是，人力资源部对杨博工作日的加班都没有计算加班费，也没有安排其调休；公司考勤系统也只记录了杨博的上下班时间，没有加班申请单据。另外，由于负责档案管理的同事工作疏忽，2023年9月4日，杨博与公司两年的劳动合同到期后，一直未曾续签。2023年9月25日，公司领导发现该情况并要求与杨博补签一份从2023年9月4日至2025年9月4日的劳动合同。杨博表示愿意补签劳动合同，但是要求：①公司应当对未及时主动续签合同而造成的影响予以补偿；②公司应当对其加班工作予以确认并及时补发加班费给本人；③将具体工作及时间等相关条款进行细化，确实能反映出该岗位的工作任务。如果公司不同意上述要求，杨博本人将申请劳动仲裁。公司领导对此事很重视，于是让人力资源部主管袁蕾（化名）尝试和杨博进行沟通，并妥善处理此事。

5. 实训任务

根据背景资料，如果你是人力资源部主管袁蕾，你会怎样与人力资源部专员杨博进行沟通？

6. 实训步骤

（1）课前准备与任务布置：①划分任务小组，一般每组5～7人。②指导教师向各组提供实训资料和阅读书目，学生提前熟悉实训任务。

（2）课中角色扮演与评价：①教师讲解劳动合同管理的重点和难点。②各个小组分别推选人力资源部主管袁蕾和人力资源部专员杨博两个角色。③教师和同学认真观察人力资源部主管和人力资源部专员的言行，教师进行点评总结，各小组开展自评、互评。

（3）课后总结与提升：各小组撰写实训报告，并完成拓展阅读。

7.3.2　实训项目：设计裁员方案

1. 实训目的

通过实训，学生能够掌握员工离职管理的流程和方法，并能根据企业实际设计裁员方案，开展离职管理工作。

2. 实训类型

电脑操作与演示、综合性实训。

3. 实训环境

电脑、投影仪、麦克风、人力资源管理仿真实验室。

4. 实训背景资料

（1）企业发展历程

SY教育科技有限公司成立于2009年，早期专注于研究生考试培训，目前公司开设的培训项目主要有：研究生考试（MBA/MEM/MPA）、教师资格证、心理咨询师、导游和财会类课程。经过多年的发展，公司年培训学员达30万人，已覆盖20多个城市。SY教育是该公司的在线职业教学平台，主要培训项目包括教师资格证教育培训、专本科学历提升等，主要授课形式为"线上直播＋录播＋在线题库练习"相结合，并在各地开设了现场学习体验中心。

（2）企业战略

通过线上培训的形式，向职场人提供高质量的课程及服务，致力于提升职场人的职场竞争力。

（3）企业文化

专注职场能力提升，只为改变你自己。

（4）分公司情况

SY教育科技有限公司石家庄分公司成立于2020年12月10日，注册地为河北省石家庄市新华区。SY 教育科技有限公司合肥分公司成立于 2020 年 12 月 3 日，注册地位于安徽省合肥市高新区。SY 教育科技有限公司青岛分公司成立于 2020 年 12 月 2 日，注册地位于山东省青岛市市南区。SY 教育科技有限公司成都分公司成立于 2020 年 7 月 20 日，注册地位于中国（四川）自由贸易试验区成都高新区。

（资料来源：全国大学生人力资源创新实践大赛题目）

5. 实训任务

随着教育培训行业运营的规范化，以及受训者学习服务需求的个性化和多元化，目前不少的教育培训企业开启并探索线上教育的转型。为了公司的长久发展，SY 教育科技有限公司决定对负责线下面对面授课的员工进行部分裁员，优先考虑绩效低下的员工。根据背景资料，请你为公司设计一套合理、合法的裁员方案。

6. 实训步骤

（1）课前准备与任务布置：①划分任务小组，组成 SY 教育科技有限公司的人力资源部，一般每组 5～7 人。②每组推选一位成员担任组长，即人力资源部经理；小组成员任务分配可自行决定。③指导教师向各组提供实训资料和阅读书目，学生提前熟悉实训任务。

（2）课中方案设计与评价：①教师讲解离职管理的重点和难点。②各小组根据实训资料设计方案，教师给予必要的指导。③各小组派 1 名代表进行分享演讲，教师和其他小组就相关问题提问。④教师进行点评总结，各小组开展自评、互评。

（3）课后总结与提升：各小组撰写实训报告，并完成拓展阅读。

知识与能力训练

测验题　　　讨论题

CHAPTER 8
第八章 e-HR电子化人力资源管理

博学之，审问之，慎思之，明辨之，笃行之。

——春秋子思《中庸》

⊕ 学习目标

- 理解企业 e-HR 管理的价值
- 掌握企业 e-HR 管理的主要内容和流程
- 掌握企业 e-HR 管理的日常工作技能
- 熟练操作 e-HR 管理的各个模块实务

引导案例

《人力资源管理数字化转型调研报告》形成"人"的数字闭环

数字技术已渗透和应用到生产、生活的各个领域，由此带来商业模式的快速变革和市场环境的不断变化，导致企业组织和运营的模式正在发生极大的改变。前程无忧发布的《人力资源管理数字化转型调研报告》显示，75% 的企业已经踏上人力资源数字化转型征程，领先的企业已经在致力于形成关于"人"的数字闭环。

1. 超过四分之三的企业已经踏上人力资源数字化转型征程

人力资源管理数字化转型可以优化业务流程、创造价值增值和提升整体效能，以促进企业全方位、立体化的变革。调研显示，超过四分之三的企业已经踏上人力资源数字化转型征程，其中，近一半的企业处于一边实施一边完善的阶段。不同行业企业的数字化进程速度不一，处于领头羊地位的分别是 IT/ 互联网 / 游戏行业、零售行业和金融行业。且不同行业在人力资源数字化转型的招聘场景、员工服务场景、共享服务中心场景中的突出点各不相同。

——IT/ 互联网 / 游戏行业、零售行业和金融行业 "具备明确的关键岗位人才画像" "能够持续沉淀简历资源" "不太需要再次向新员工收集种类复杂的信息" "政策公告可以及时同步给所有员工";

——电子 / 自动化行业 "能够自动化管理和归档简历" "能够激活人才库,增加复用";

——大健康行业更突出 "岗位申请进程的可视化,能及时反馈" "员工对公司公共资料很容易就能找到"。

2. 现阶段的人力资源转型追求组织和管理的提效,量化人力资本

数字化时代的人力资源管理模式、流程和内容等在发生深刻变革,且企业在不同阶段的侧重点不尽相同。调研发现,近八成企业现阶段用数字化来 "做内功",其中,68.0% 的企业关注在通过数字化转型提升组织效能和管理效率。这在零售行业更为普遍,近半数的零售企业正在应用数字化手段提升员工职场体验、减少事务性工作;已经有 42.0% 的企业尝试用数字化手段量化分析人力资本来辅助管理决策;为保证变革的实施,近三成的企业为数字化转型设立了专门的技术人员或团队。

3. 人才招聘、培训与发展是人力资源数字化转型的热点领域

企业人力资源数字化转型先行的是人才招募模块的工作,主要集中在招聘流程的智能化和自动化,比如自动化归档简历、智能化整合招聘渠道。也有部分企业通过运用大数据智能化手段寻找目标人才和评价人才,比如关键岗位的人才画像。

人力资源数字化转型主要还体现在实现了培训的 "线上化",线上培训大大降低了企业的培训成本。报告认为,培训模块数字化应用的未来关注点是人机协作,充分满足了培训学员体验的场景化、碎片化和人性化需求。

（资料来源: 张九阳. 前程无忧发布《人力资源管理数字化转型调研报告》[EB/OL].（2022-11-15）[2023-12-11]. http://szjj.china.com.cn/2022-11/15/content_42171534.html.）

8.1　企业 e-HR 管理的价值实现

微课：e-HR
价值实现

所谓 e-HR，即电子化人力资源管理。美国人力资源管理协会在《技术改变人力资源》的研究报告中指出：未来企业的人力资源部将不再是具体的人，而是一个系统门户。基于先进的信息技术和高度的灵活性特点，e-HR 管理能减少企业人力资源行政的负荷，优化整个人力资源管理的流程，为企业管理者提供数据支撑和决策支持，帮助企业实现战略性人力资源管理的转变。那么，企业应该如何让 e-HR 实现价值呢？

1. 明确 e-HR 的前提和基础是实现人力资源管理各个基本业务模块的功能

人力资源管理的基础应用是一切 e-HR 建设和应用的基础，主要包括人力资源基础信息和流程。也就是说，e-HR 使用的前提条件是能够解决人力资源管理基础工作，能够缓解人力资源部的工作压力，能够实现人力资源管理制度体系和规范落地执行。

2. 清楚 e-HR 系统必须实现人力资源管理各个基本业务模块的有机协调

e-HR 管理的目的不仅仅是要实现人力资源管理各个基本业务模块的功能，更需要通过信息化手段实现各个模块之间的相互贯通、有机协调，做到各个模块之间的信息传递及链接，这是 e-HR 信息系统的自动解决过程。

3. 发挥 e-HR 系统三个层次分明的平台的作用

e-HR 系统有三个层次分明的平台，要最大化发挥三个平台的作用，避免 e-HR 系统只是人力资源管理部门的"独角戏"。第一个平台是员工自助平台，主要满足员工查看个人基本信息、公司制度、出勤情况、绩效结果、薪酬工资及个税等信息的需求，还能处理加班及请假申请、培训申请、绩效目标制定及上报等业务。第二个是经理自助平台，主要为各个部门经理提供管理功能，如部门经理能够查看下属员工信息，完成对下属员工的各项审批，如加班及请假审批、培训审批、绩效计划审批，参与所辖岗位招聘过程等。第三个是总裁平台，主要将高层关注的各项指标数据和常用查询集成到总裁平台上，高层登录系统即可一目了然。

4. 坚持 e-HR 系统建设和应用过程是循序渐进的

e-HR 系统的建设须从基本应用开始，逐步过渡、发展到各种高级阶段。因为 e-HR 系统的运行和应用总是以最为基本的人力资源基础信息、流程为基础，而这些恰恰对很多企业构成了挑战。在很多具有较高管理水平的企业 e-HR 系统建设过程中，往往不同程度地存在着人力资源基础信息不完善、流程不清晰的问题。当然，如果企业具有较高的人力资源管理水平，这些基础应用可以在较短时间内完成磨合、运行顺畅；这一阶段可以尽可能地缩短，但不能跨越。因此，任何企业的 e-HR 系统建设都是对企业人力资源管理基础的一次系统梳理和完善。

8.2 企业 e-HR 管理实务操作训练

8.2.1 实训项目：企业 e-HR 管理

通过实训，学生能够掌握企业电子化人力资源管理的主要内容和流程，掌握企业 e-HR 的日常工作技能，熟练操作员工人事档案管理、劳动合同管理、社保管理、招聘管理、绩效管理和薪酬管理。企业 e-HR 管理实训项目如表 8-1 所示。

表 8-1 实训项目

序号	项目名称	项目学时
1	公司基本信息设置	1
2	档案管理	2
3	合同管理	2
4	社保管理	2
5	考勤管理	2
6	招聘管理	2
7	培训管理	1
8	绩效管理	2
9	薪酬管理	1
10	学习心得分享	1

8.2.2 实训步骤

在浏览器的地址栏中输入：http:// 服务器的名称或 IP 地址 /TDE，按回车键进入"企业 E-HR 智能管理系统"的登录界面。学生输入账号和密码，选择"学生"，点击"登录"进入系统，如图 8-1 所示。进入学生端后，学生可以点击页面右上角查看案例，修改信息，点击"提交"后进入系统进行练习。

图 8-1 系统登录界面

1. 公司基本信息设置

（1）公司设置。点击进入侧边栏"公司设置"，进入公司设置界面，如图 8-2 所示。依次点击"新增"和"查看案例"按钮，填写公司名称和相关备注内容，公司编号自动生成，点击"确定"完成新增。对于已有的公司信息，可以点击操作栏的"修改"按钮进行修改，也可以点击"删除"按钮，删除该条信息。

拓展阅读：
公司成立要件

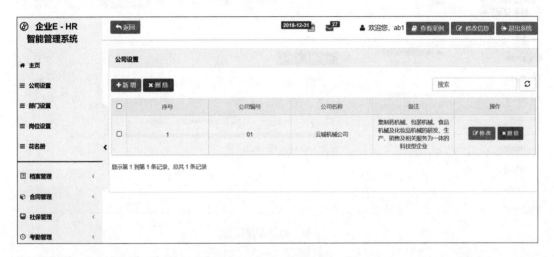

图 8-2　公司设置界面

（2）部门设置。点击进入侧边栏"部门设置"，进入部门设置界面，如图 8-3 所示。新创建的公司没有下属部门，需要根据背景案例手动新增。点击"新增"按钮，选择公司名称，输入新增部门名称，选择部门性质和上级部门，设置部门标准人数，点击"确定"完成新增。

图 8-3　部门设置界面

（3）岗位设置。点击进入侧边栏"岗位设置"，进入岗位设置界面，如图 8-4 所示。点击列表左侧的部门名称，可以查看该部门现有的岗位设置。若是新创建部门，需要手动新增岗位信息。点击"新增"按钮，按照岗位级别从高到低依次输入新增岗位名称，选择上级岗位和岗位级别，设置岗位标准人数，输入岗位职责描述，点击"确定"完成新增。

图 8-4　岗位设置界面

2. 档案管理

点击"档案管理"，主要操作模块包括员工入职、员工转正、调岗离职、奖励处分、员工复职、工作经历、学习经历、职称管理、查看档案和人事报表，如图 8-5 所示。

拓展阅读：档案管理法律法规

图 8-5　档案管理操作模块界面

（1）员工入职。点击"员工入职"，进入管理新员工入职界面，如图 8-6 所示。点击"新增员工"按钮，将背景案例中的员工信息录入弹窗。点击"修改"或者"删除"按钮，可以修改员工信息或删除该条信息。

图 8-6　管理新员工入职界面

（2）员工转正。点击"员工转正"，进入管理员工转正界面，如图 8-7 所示。点击界面上方操作栏的 按钮查看"员工转正提醒"信息，再点击"新增转正员工"按钮，将背景案例中符合转正要求的员工信息录入系统，点击"确定"完成新增，也可以对增加的转正员工进行审核、删除和批量导出操作。

图 8-7　管理员工转正界面

（3）调岗离职。点击"调岗离职"，进入管理员工调岗和离职界面，如图 8-8 所示。

点击"新增"按钮，将背景案例中的调动和离职员工信息录入弹窗，点击"确定"完成员工新增，也可以对增加的调岗、离职员工进行审核、删除和批量导出操作。

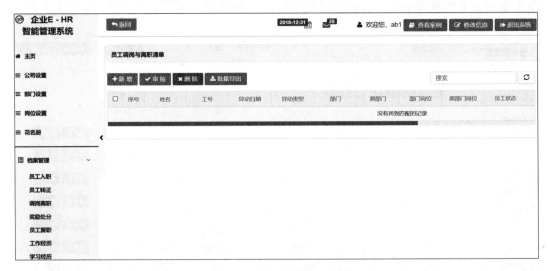

图 8-8　管理员工调岗和离职界面

（4）奖励处分。点击"奖励处分"，进入管理员工奖励和处分界面，如图 8-9 所示。点击"新增"按钮，在弹窗内录入背景案例中的人员奖惩信息，点击"确定"完成员工新增。

图 8-9　管理员工奖励和处分界面

（5）员工复职。点击"员工复职"，进入管理员工复职界面，如图 8-10 所示。点击"复职登记"按钮，根据背景资料填写员工复职日期、复职部门和复职岗位等信息，点击"确定"完成员工新增，也可以对增加的复职员工进行审核、删除和批量导出操作。

图 8-10 管理员工复职界面

（6）工作经历。点击"工作经历"，进入员工工作经历填写界面，如图 8-11 所示。点击"新增"按钮，填写员工姓名、部门名称等信息。

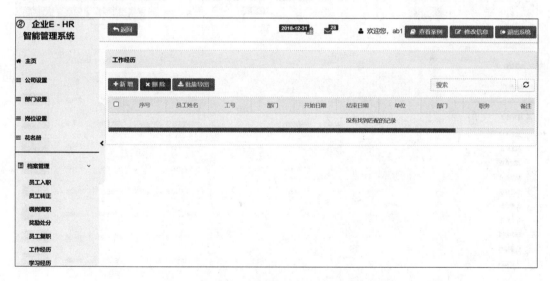

图 8-11 管理员工工作经历界面

（7）学习经历。点击"学习经历"，进入员工学习经历填写界面。点击"新增"按钮，填写员工姓名、部门、毕业学校、学历、专业等信息。

（8）职称管理。点击"职称管理"，进入员工职称管理界面，如图 8-12 所示。点击"新增"按钮，填写资格证书等相关信息，点击"确定"完成新增。

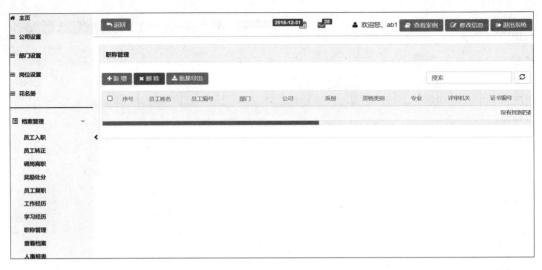

图 8-12　管理员工职称界面

（9）查看档案。点击"查看档案"，该界面显示了公司所有员工的信息，可以对员工的档案进行查看和搜索，如图 8-13 所示。

图 8-13　查看员工档案界面

（10）人事报表。点击"人事报表"，该界面的主要操作模块包括公司人员构成情况分类统计表、员工明细花名册、部门员工花名册、各部门职务统计表、员工入职离职统计表、各部门员工生日报表、各部门及岗位编制人数统计表等人事报表，如图 8-14所示。

图 8-14　管理人事报表界面

3. 合同管理

点击"合同管理"，主要操作模块包括劳动合同、培训协议、保密协议和合同报表，如图 8-15 所示。

图 8-15　合同管理操作模块界面

（1）劳动合同。点击"劳动合同"，进入管理劳动合同界面，如图 8-16 所示。选择部门后再点击"新增"按钮，将背景案例中的员工劳动合同签订信息录入弹窗，点击"确定"，完成新合同信息填写。在新合同信息栏后点击"查看"按钮，可查看员工劳动合同签订文本，点击"续签"按钮，可与该员工续签劳动合同。

图 8-16　管理劳动合同界面

（2）培训协议。点击"培训协议"，进入管理培训协议界面，如图 8-17 所示。点击"新增"按钮，将背景案例中的员工培训协议签订信息录入弹窗，点击"确定"，完成培训协议信息填写，在培训协议信息栏后点击"查看"按钮，可查看员工培训协议签订文本。

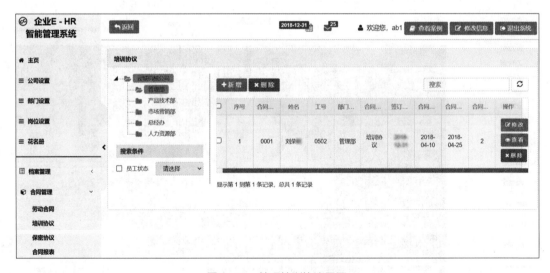

图 8-17　管理培训协议界面

（3）保密协议。点击"保密协议"，进入管理保密协议界面，如图 8-18 所示。点击"新增"按钮，将背景案例中的员工保密协议签订信息录入弹窗，点击"确定"，完成保密协议信息填写，在保密协议信息栏后点击"查看"按钮，可查看保密协议签订文本。

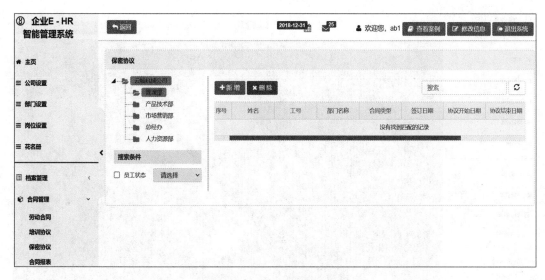

图 8-18　管理保密协议界面

（4）合同报表。点击"合同报表"，该界面的主要操作模块包括劳动合同签订明细表、培训协议签订明细表、保密协议签订明细表，在搜索状态栏下点击"搜索条件"，可以查看员工合同的详细信息，如图 8-19 所示。

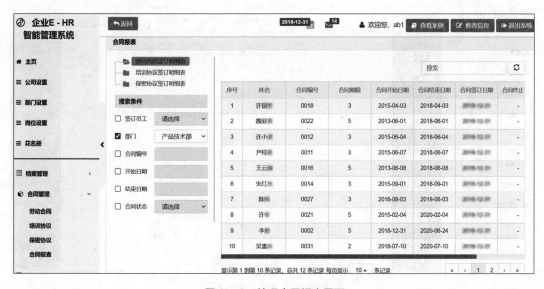

图 8-19　管理合同报表界面

4. 社保管理

点击"社保管理"，主要操作模块包括社保参数、社会保险、住房公积金和报表查询，如图 8-20 所示。

拓展阅读：社保
管理法律法规

图 8-20　社保管理操作模块界面

（1）社保参数。点击"社保参数"，将背景案例中的员工社保缴费信息录入弹窗，点击"保存"，完成社保缴费基数的设置，如图 8-21 所示。

图 8-21　设置社保基数界面

（2）社会保险。点击"社会保险"，进入管理员工社保界面，如图 8-22 所示。点击"新增"按钮，填写公司员工参保信息，点击"确定"完成新增，也可对增加的内容进行审核和批量导出。

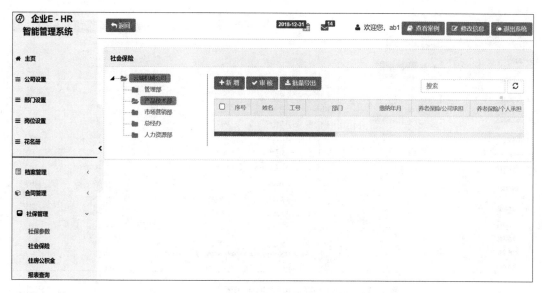

图 8-22　管理社会保险界面

（3）住房公积金。点击"住房公积金"，进入管理住房公积金界面，如图 8-23 所示。点击"新增"按钮，填写公司员工公积金缴纳信息。

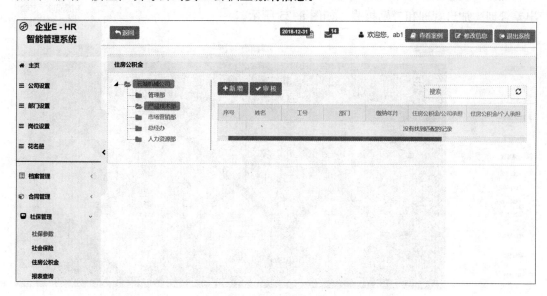

图 8-23　管理住房公积金界面

（4）报表查询。点击"报表查询"，可以查看各个部门为员工缴纳的"五险一金"信息，如图 8-24 所示。

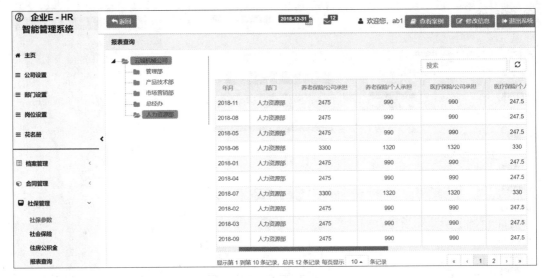

图 8-24　查询"五险一金"报表界面

5.考勤管理

点击"考勤管理"，主要操作模块包括基本参数、日常考勤、假期管理、出差管理、加班管理和考勤报表，如图 8-25 所示。

拓展阅读: 考勤
管理法律法规

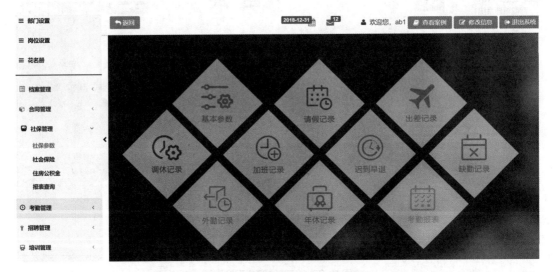

图 8-25　考勤管理操作模块界面

（1）基本参数。点击"基本参数"，根据背景案例提供的信息在弹窗内填写扣款、补贴、年休标准等基本参数，如图 8-26 所示。

图 8-26　设置考勤管理基本参数界面

（2）日常考勤。点击"日常考勤"，进入管理员工日常考勤界面，如图 8-27 所示。操作模块包括员工迟到早退记录和缺勤记录，依次点击"迟到早退记录"和"缺勤记录"界面，填写相关内容完成新增。

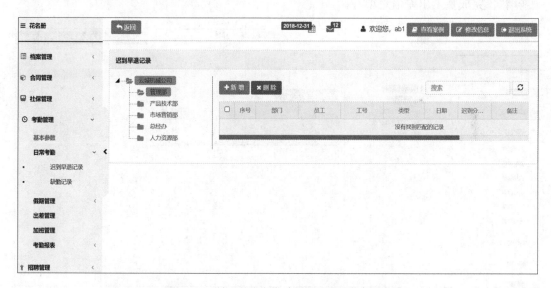

图 8-27　管理日常考勤（迟到早退记录）界面

（3）假期管理。点击"假期管理"，进入管理员工假期界面，如图 8-28 所示。操作模块包括请假记录和调休记录，依次点击"请假记录"和"调休记录"，填写相关内容完成新增。

图 8-28　管理员工假期（调休记录）界面

（4）出差管理。点击"出差管理"，进入管理员工出差界面，如图 8-29 所示。点击"新增"，完成员工出差信息填写。

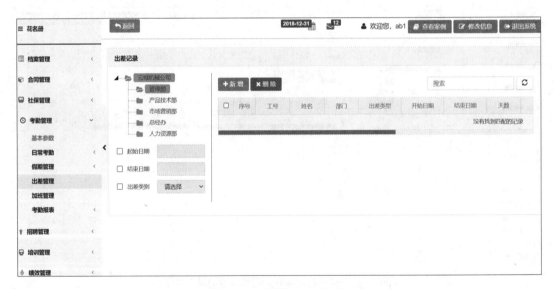

图 8-29　管理员工出差界面

（5）加班管理。点击"加班管理"，进入管理员工加班界面，如图 8-30所示。点击"新增"，完成员工加班信息填写。

拓展阅读：
管理加班

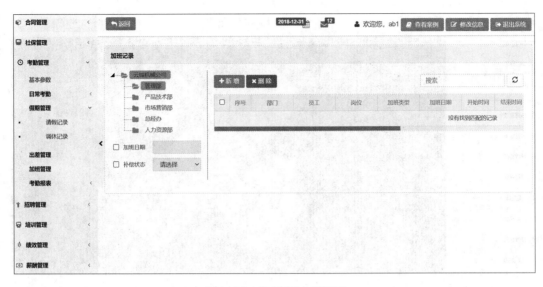

图 8-30　管理员工加班界面

（6）考勤报表。点击"考勤报表"，可以查看员工的年休记录和考勤报表，也可以根据搜索条件查看考勤信息，如图 8-31 所示。

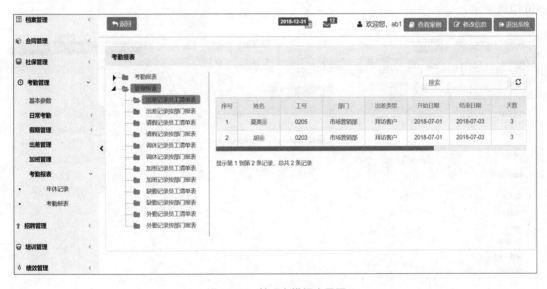

图 8-31　管理考勤报表界面

6. 招聘管理

点击"招聘管理"，主要操作模块包括招聘计划、应聘人员、人员录用、后备人才库和招聘报表，如图 8-32 所示。

拓展阅读：招聘
管理合规

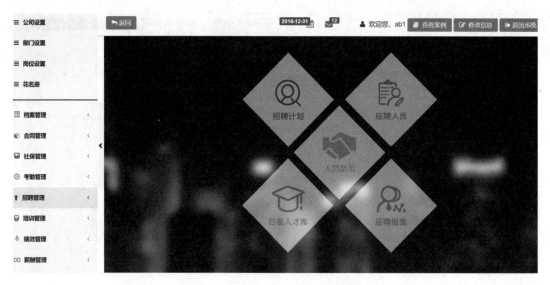

图 8-32　招聘管理操作模块界面

（1）招聘计划。点击"招聘计划"，进入制订招聘计划界面，如图 8-33 所示。点击"新增"按钮，根据背景案例填写员工招聘需求相关信息，也可以根据搜索条件查看新岗位招聘要求。

图 8-33　管理招聘计划界面

（2）应聘人员。点击"应聘人员"，进入管理应聘人员界面，如图 8-34 所示。点击"新增"按钮，填写应聘人员信息，也可以根据搜索条件查看应聘人员信息。

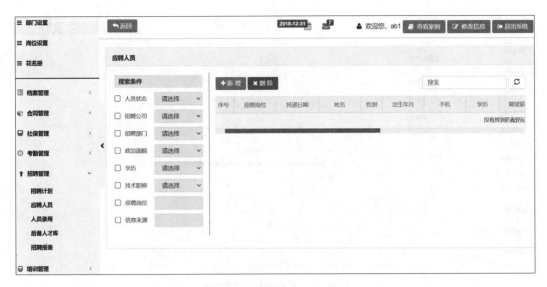

图 8-34　管理应聘人员界面

（3）人员录用。点击"人员录用"，进入管理人员录用界面，如图 8-35 所示。选择已录用员工，点击"录用"按钮，完成应聘者录用；对未录用的应聘者，点击"移入人才库"作为后备人选。

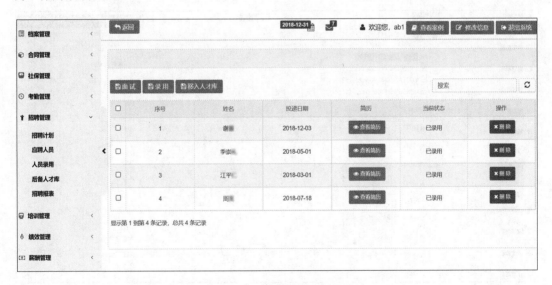

图 8-35　管理人员录用界面

（4）后备人才库。点击"后备人才库"，可以搜索和查看未录用人才信息，如图 8-36 所示。

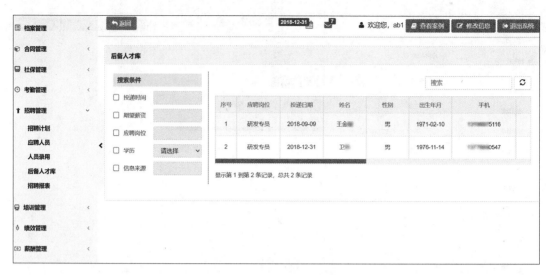

图 8-36　管理后备人才库界面

（5）招聘报表。点击"招聘报表"，界面如图 8-37 所示，可以查看各部门招聘计划明细表、各部门招聘岗位应聘明细表、应聘人员构成分类统计表和招聘计划各阶段人数统计表，也可以根据搜索条件查看招聘信息。

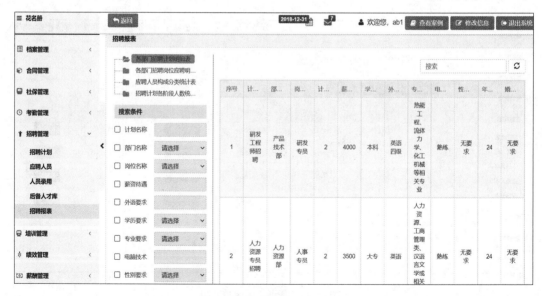

图 8-37　管理招聘报表界面

7. 培训管理

点击"培训管理"，主要操作模块包括培训需求、培训计划、培训记录和培训报表，如图 8-38 所示。

拓展阅读：培训管理法律法规

图 8-38　培训管理操作模块界面

（1）培训需求。点击"培训需求"，进入管理培训需求界面，如图 8-39 所示。点击"新增"按钮，根据背景案例填写部门培训需求相关信息。

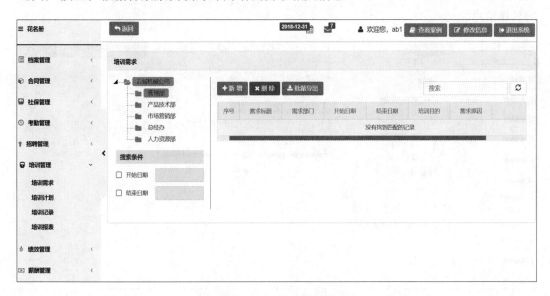

图 8-39　管理培训需求界面

（2）培训计划。点击"培训计划"，进入制订管理培训计划界面，如图 8-40 所示。点击"新增"按钮，根据背景案例填写部门培训计划。

图 8-40　管理培训计划界面

（3）培训记录。点击"培训记录"，进入管理培训记录界面，如图 8-41 所示。点击"新增"按钮，填写各项培训组织和实施的信息，也可以根据搜索条件查看培训组织实施的具体信息。

图 8-41　管理培训记录界面

（4）培训报表。点击"培训报表"，可以查看各部门培训计划费用统计表、各部门培训计划人数统计表、各部门培训实施费用统计表、各部门培训实施人数统计表和各部门实施费用明细表，也可以根据搜索条件查看各部门培训信息，如图 8-42 所示。

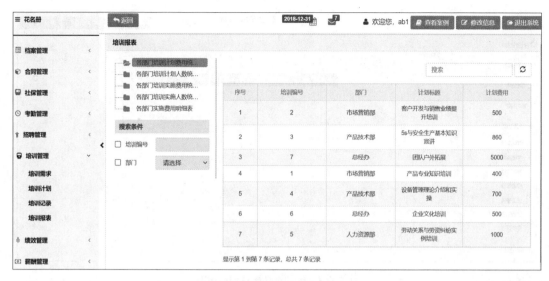

图 8-42 管理培训报表界面

拓展阅读：绩效管理合规

8. 绩效管理

点击"绩效管理"，主要操作模块包括考核指标、考核类型、考核方法、绩效标准、员工考核、绩效工资和考核报表，如图 8-43 所示。

图 8-43 绩效管理操作模块界面

（1）考核指标。点击"考核指标"，进入制订考核指标界面，如图 8-44 所示。依次点击"新增大类"和"新增指标明细"按钮，根据背景案例填写员工绩效考核指标。

图 8-44　管理绩效考核指标界面

（2）考核类型。点击"考核类型"，进入管理绩效考核类型界面，如图 8-45 所示。点击"新增"按钮，完成考核周期和考核类型等信息的填写。

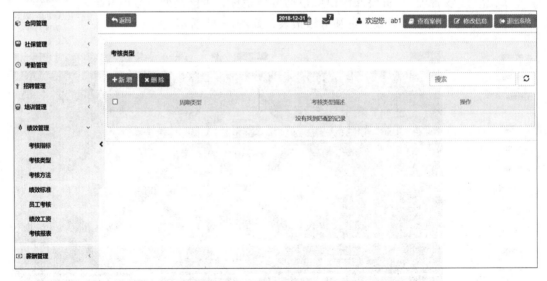

图 8-45　管理绩效考核类型界面

（3）考核方法。点击"考核方法"，进入管理绩效考核方法界面，如图 8-46 所示。点击"新增"按钮，在左侧操作栏选择部门和员工，在右侧操作栏填写考核名称、考核方法、考核周期等。点击"增加"按钮，可以细化填写考核大类指标、考核明细指标、考核人评分等信息。

图 8-46　管理绩效考核方法界面

（4）绩效标准。点击"绩效标准"，进入管理绩效工资标准设置界面，如图 8-47 所示。点击"设置"按钮，完成考核类型、考核总分评级、绩效工资设置等信息的填写。

图 8-47　管理绩效标准设置界面

（5）员工考核。点击"员工考核"，可以对员工进行考核打分和审核员工绩效考核相关信息，如图 8-48 所示。

图 8-48　员工考核分数设置和审核界面

（6）绩效工资。点击"绩效工资"，该界面会显示员工的绩效工资信息，如图 8-49 所示。

图 8-49　查看绩效工资界面

（7）考核报表。点击"考核报表"，可以查看绩效考核结果一览表、考核评分记录明细表、考核结果单指标分析表、各部门量化指标分析表和部门考核等级汇总表，也可以根据搜索条件查看绩效考核信息，如图 8-50 所示。

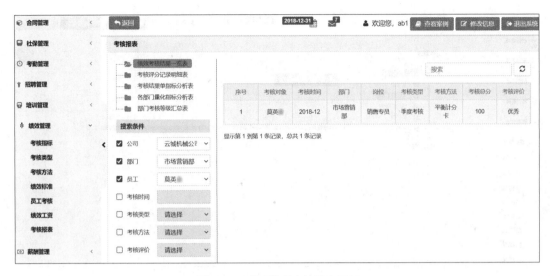

图 8-50　管理绩效考核报表界面

9. 薪酬管理

　　点击"薪酬管理"，主要操作模块包括计件管理、计件录入、工资标准、工资录入、薪资调整、工资账簿、工资报表和工资查询，如图 8-51 所示。依次点击该页面右端的"工资科目""套餐设置"和"级别工资"按钮，根据背景案例填写相关信息。

拓展阅读：工资类型及法律规定

图 8-51　薪酬管理操作模块界面

　　（1）计件管理。点击"计件管理"，进入产品计件管理界面，如图 8-52 所示。点击"新增"按钮，根据背景案例填写产品技术部每位生产专员的产品计件信息。

图 8-52　产品计件管理界面

（2）计件录入。点击"计件录入"，进入管理员工计件录入界面，如图 8-53 所示。点击"新增"按钮，填写员工产品计件信息，然后点击"计算"和"确定"按钮，完成计件工资录入和核算。

图 8-53　管理员工计件录入界面

（3）工资标准。点击"工资标准"，进入管理工资标准界面，如图 8-54 所示。点击"新增"按钮，按部门添加员工及其基本工资等级，完成后点击"确定"提交。

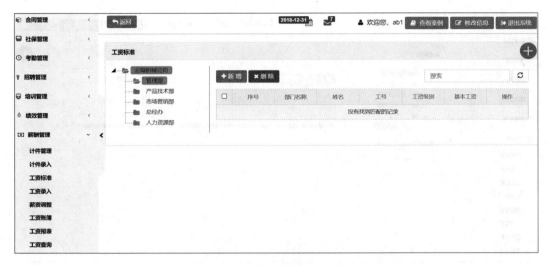

图 8-54　管理工资标准界面

（4）工资录入。点击"工资录入"，进入管理工资录入界面，如图 8-55 所示。点击"新增"按钮，完成工资月份和员工工资等信息的填写。

图 8-55　管理工资录入界面

（5）薪资调整。点击"薪资调整"，进入管理薪资调整界面，如图 8-56 所示。点击"新增"按钮，完成薪资调整原因、薪资调整日期和调整前后工资等信息的填写。

图 8-56　管理薪资调整界面

（6）工资账簿。点击"工资账簿"，进入管理工资账簿界面，如图 8-57 所示。在搜索条件状态栏选择并填写相关内容，点击"审核"按钮，对新增内容进行审核，也可以对新增内容进行删除操作。

图 8-57　管理工资账簿界面

（7）工资报表。点击"工资报表"，该界面如图 8-58 所示，可以查看各部门员工薪酬明细表、各部门及岗位薪酬汇总表、职务薪酬汇总表、部门及岗位多月合并表、员工薪酬多月合并表、计件员工每月工资汇总表和每月计件部门汇总表，也可以根据搜索条件查看工资信息。

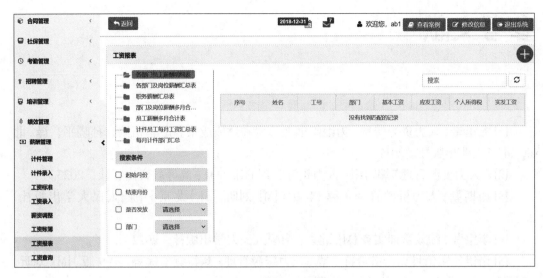

图 8-58　管理工资报表界面

（8）工资查询。点击"工资查询"，在搜索条件状态栏中选择起始日期和员工，可以查询特定员工的工资信息。

知识与能力训练

测验题

讨论题

参考文献

[1] 尤里奇. 人力资源转型：为组织创造价值和达成成果 [M]. 李祖滨，孙晓平，译. 北京：电子工业出版社，2019.

[2] 《人力资源管理》编写组. 人力资源管理 [M]. 北京：高等教育出版社，2023.

[3] 德斯勒. 人力资源管理（第 14 版）[M]. 刘昕，译. 北京：中国人民大学出版社，2017.

[4] 李宝莹. 绩效管理实务 [M]. 北京：中国人民大学出版社，2022.

[5] 诺伊，霍伦贝克，格哈特，等. 人力资源管理：赢得竞争优势（第 9 版）[M]. 刘昕，柴茂昌，译. 北京：中国人民大学出版社，2018.

[6] 刘昕. 薪酬管理 [M]. 6 版. 北京：中国人民大学出版社，2021.

[7] 李祖滨，汤鹏. 聚焦于人：人力资源领先战略 [M]. 2 版. 北京：电子工业出版社，2020.

[8] 马海刚，彭剑峰，西楠. HR+ 三支柱：人力资源管理转型升级与实践创新 [M]. 北京：中国人民大学出版社，2017.

[9] 任康磊. 人力资源法律风险防控从入门到精通 [M]. 2 版. 北京：人民邮电出版社，2022.

[10] 孙立如. 劳动关系实务操作 [M]. 3 版. 北京：中国人民大学出版社，2021.

[11] 方振邦，杨畅. 战略性绩效管理 [M]. 6 版. 北京：中国人民大学出版社，2022.

[12] 汪梦，赵曙明. 中国人才管理研究的热点与趋势分析（1979-2022）[J]. 四川大学学报（哲学社会科学版），2023（1）：173-185.

[13] 吕帅. 人力资源管理合规实战入门 [M]. 北京：人民邮电出版社，2022.

[14] 吴小立，唐超. 培训与开发：理论、方法与实训 [M]. 北京：中国人民大学出版社，2021.

[15] 吴雪贤. 薪酬管理实务 [M]. 北京：中国人民大学出版社，2018.

[16] 颜爱民. 人力资源管理经典案例解析：基于中国本土企业全真案例 [M]. 北京：北京大学出版社，2022.

[17] 叶晟婷，孔冬. 企业人力资源管理操作实务 [M]. 上海：上海财经大学出版社，2021.

[18] 朱飞，文跃然. 战略性人力资源管理系统重构 [M]. 北京：企业管理出版社，2013.

[19] 赵永乐，李海东，张新岭，等. 人力资源规划 [M]. 3 版. 北京：电子工业出版社，2019.

[20] 赵曙明，赵宜萱. 人力资源管理：理论、方法、工具、实务 [M]. 2 版. 北京：人民邮电出版社，2019.